그리스도를 본받아 1
영적 생활에 유익한 권면

This book was first published in the United States by Moody Publishers,
820 N. LaSalle Blvd., Chicago, IL 60610 with the title

The Imitation of Christ

by Thomas a Kempis

Copyright ⓒ 1980, 2007 edition by The Moody Bible Institute of Chicago

Translated by permission.
All rights reserved.

This Korean Translation Copyright ⓒ 2019 by Kyujang Publishing Company

이 한국어판의 저작권은 저작권사와 독점 계약한 규장 출판사에 있습니다.
신 저작권법에 의하여 한국 내에서 보호 받는 저작물이므로 무단 전재와 무단 복제를 금합니다.

그리스도를 본받아 1
THE IMITATION OF CHRIST

영적 생활에 유익한 권면

토마스 아 켐피스 지음 | 전의우 옮김

규장

'고전'(古典)이란 과거에 저작되어 수준 높은 질적 가치를 인정받을 뿐 아니라 후세 사람들에게 끊임없이 영향을 끼치며 시대를 초월하여 높이 평가되는 문학 등의 예술작품을 가리킵니다. 그런 의미에서 볼 때, 기독교 고전의 백미(白眉)로 손꼽히는《그리스도를 본받아》(De Imitatione Christi)는 참된 의미의 고전이라 할 것입니다.

1427년 경, 독일 태생의 수도사 토마스 아 켐피스가 저술한《그리스도를 본받아》는 750권 이상의 필사본을 남겼고, 1472년에 독일에서 첫 인쇄본이 나온 이후 지금까지 약 70여 개 언어로 3천여 판 이상이 출판된 것으로 추정되며, 출간 현황을 다 파악할 수 없을 정도입니다.

또한 마르틴 루터로 이어져 종교개혁 사상의 맹아(萌芽) 역할을 한 것을 비롯해, 존 웨슬리, 디트리히 본회퍼, 존 스토트, 달라스 윌라드 등 수많은 믿음의 사람들에게 감화를 주었고, 성경 다음으로 많이 읽히는 책으로 알려져 있습니다.

그러나 우리 세대에게 고전이란 어쩌면 '너무 유명하지만 제대로 읽어본 적은 없는 책'인지도 모르겠습니다. 《그리스도를 본받아》역시 너무나 유명하여 저자나 책 제목을 아는 사람은 많지만, 읽은 사람을 찾아보기는 쉽지 않고, 가까이 두고 읽으며 그리스도를 본받으려 힘쓴다고 고백하는 사람을 만나기는 더욱 어렵습니다.

고전이 오늘 나의 문제에 답한다

고전이 그렇게도 훌륭하다는 것을 알지만 쉽게 손이 가지 않는 이유 중 하나는 고전이 너무 오래전에 쓰여서 지금의 내 삶과 상관없을 것 같다는 선입견일 수 있습니다.

그런데 책을 읽어보면 마치 저자가 지금의 내 삶을 들여다보고 있기라도 한 듯 어쩌면 그렇게 내 문제를 꿰뚫어 보면서 실질적인 조언과 충고를 해주는지 놀라게 될 것입니다.

이 책은, 살아 있고 활력이 있어 우리 마음의 생각과 뜻을 판단하는 하나님의 말씀(히 4:12)인 성경을 기반으로 하여 성경을 깊이 묵상하고 적용하는 것이기에 600년 전의 저자와 지금의 우리가 말씀 안에서 교제할 수 있는 것입니다.

모든 세대가 고전을 편안하게 만난다
또한 이 책은 본래 전 4부 114장으로 구성되어 있습니다. 이 고전을 읽어보고 싶다가도 두꺼운 책이 부담스러워 포기한 분도 많을 것입니다. 이번에 규장에서 이 책을 각 부별로 나누어 출간하기로 한 것은 이 귀한 책이 정말로 독자 여러분께 읽히기를 바라기 때문입니다.

그래서 늘 손에 들고 편안하게 읽을 수 있는 판형에 묵상을 돕는 아름다운 사진을 함께 담아 정성껏 책으로 엮었습니다. 고전에 누구나 쉽고 편안하게 다가갈 수 있도록 징검다리를 놓고자 했습니다.

이 책을 통해 여러분을 주님과 함께 걷는 호젓한 숲길로, 푸른 초장으로, 나무 그늘로 초대합니다. 어딘가를 오가고, 누군가를 기다리고, 혼자만의 시간을 보낼 때 세상의 무익한 것들에 눈과 귀를 내어주지 말고, 이 책을 벗 삼아 위대한 신앙의 선배가 들려주는 훈계와 권고, 그가 들은 주님의 음성에 귀 기울이시기를 소망합니다.

사람에게서 인정과 위안을 구하지 말고, 우리의 표상(表象)이신 예수 그리스도의 삶을 잠잠히 묵상하고 그분의 가르침을 삶에 적용하며 그분을 본받는 우리가 되기를 소원합니다.

이 책이 십자가의 왕도(王道)로 가도록 격려하는 좋은 벗 되어, 독자 여러분의 신앙생활에 매일 그리스도를 닮아가는 영적 진보가 있기를 간절히 기도드립니다.

2019년 봄
규장 여진구 대표

토마스 아 켐피스, 《그리스도를 본받아》

사나 죽으나 예수님을 단단히 붙들고
그분에게 자신을 의탁하십시오.
모두가 실망시킬 때,
그분만이 당신을 도우실 수 있습니다.
당신이 사랑하는 분은 그 어떤 경쟁자도 허락지 않으십니다.
홀로 당신의 마음을 차지하고
거기에 왕으로서 좌정하기를 원하십니다.

토마스 아 켐피스,
《그리스도를 본받아》(제2권, 7장)

《그리스도를 본받아》는 성경 다음으로 가장 크게 사랑받고 가장 널리 읽히는 책 가운데 하나로, 처음 읽는 독자에게 큰 기대를 불러일으킨다. 우리는 이 책이 말하는 대로 살고 싶고 이 책을 읽을 때 가슴이 두근거린다.

토마스 아 켐피스는 책을 읽고 글을 쓰며 기도하기를 가장 좋아했고 세상적인 것은 입 밖에 내기조차 어려워했으나 하나님에 관해 말할 때면 유창하기 이를 데 없었다.

그는 어느 모임에서 이렇게 말하며 빠져나오기까지 했다. "형제들, 저는 이만 가봐야겠습니다. 제 골방에서 저와 대화하려고 기다리는 분이 계시거든요."

그가 가장 좋아했던 주제는 구원의 신비, 예수 그리스도의 말씀과 그분이 하신 일, 특히 그분의 고난에 나타나는 예수 그리스도의 사랑이었다. 사실, 이 책은 영성에 더없이 초점을 맞춘 책이다.

그러나 사실 이 고전을 처음 읽는 평범한 21세기 독자들은 드러내놓고 말은 안 해도 왜 이 책이 그렇게 대단한 평가를 받는지 속으로 자못 궁금하겠다.

첫째, 이 책은 짜임이 엉성하고 강력한 주장을 전혀 하지 않는 듯 보인다. 둘째, 이 책은 결코 얇지 않기에 두께에 주눅 드는 독자라면 아예 한 쪽으로 밀쳐둘지도 모른다.

더욱이 영성훈련을 위한 개별 코스와 프로그램도 유행하고, 묵상이 복음주의 그리스도인들 사이에서 갈수록 큰 관심을 끌지만, 정신없이 바쁘게 돌아가는 세상에서 사는 것이 우리의 현실이다.

이러한 세상은 우리에게 많은 것을 요구하며, 보통 사람들이 행하거나 생각하는 것을 거의 희생하고 제 발로 세상에서 물러나 영성을 키우려는 사람을 거의 이해하려 하지 않는다.

그러므로 이 책의 전체적인 흐름과 각 부의 구성 및 주제를 살펴보는 것이 중요하다. 결코 진부하지 않고 시대를 초월해 모든 사람에게 말하는 것들, 특히 이 세대에 필요한 숨은 의미를 파악하는 것이 중요하다.

토마스 아 켐피스의 생애

토마스 아 켐피스의 일생 중 몇몇 부분이 그가 노년에 쓴 여러 전기에서 나타난다. 그는 1397년 또는 1380년에 독일 퀼른(Cologne)에서 가깝고 성벽으로 둘러싸인 켐펜(Kempen)에서 장인(匠人)인 아버지 존 헤메르켄(John Haemerken)과 동네 학교 교사인 어머니 헤르트루드(Gertrude) 사이에서 태어나 일생의 대부분을 수도원에서 보냈다.

토마스보다 열네 살 많은 유일한 형제 요한은 네덜란드 데벤터르(Deventer)에 있는 대성당학교(cathedral schools)에 다녔는데, 겨우 열세 살이던 토마스는 학구열에 불타 이 학교를 걸어서 찾아갔다.

그는 당연히 형이 그 학교에 여전히 있을 것으로 생각했지만, 형은 30킬로미터쯤 떨어진 곳에 새로운 공동체를 세우느라 떠나고 없었다. 토마스는 형을 찾아 다시 그곳으로 갔고, 형은 그를 데벤터르 형제들의 지도자에게 소개했다.

이들은 토마스를 보살펴달라며 어느 경건한 여성에게 맡기고, 그를 교장에게 데려다주었으며, 첫 학비를 내주었다. 토마스는 데벤터르에서 7년을 보냈는데, 이 시기는 그의 성품에 더없이 큰 영향을 미쳤다.

데벤터르는 헤라르트 호로테(Gerard Groote)라는 부제(deacon)가 시작한 14세기 부흥운동의 중심이었다. 이 운동은 플로렌티우스 라데베인(Florentius Radewyn)의 넉넉한 후원을 받으며 성장했다.

이 운동에 참여한 사람들은 "공동생활 형제단"(Brothers and Sisters of the Common Life)이라 불렸는데, 개인적으로 서약하지는 않았지만 더러는 가정에서, 더러는 공동체를 이루어 최선을 다해 청빈과 순결과 복종의 삶을 살았다.

이들은 구걸할 수 없었고 스스로 일해 생계를 꾸려야 했기에, 흔히 책을 필사하고 사본에 색을 입히며 젊은이들을 가르쳤다. 이렇게 얻은 수입을 공동으로 소유했고 장상(長上, superior)에게 맡겨 관리했다.

형제자매들은 또한 자선을 베풀고 주린 자를 먹이며 노숙자와 병자를 돌보고 교회와 수도원 내부에서 공적 개혁을 독려하기에 힘썼다. 이들은 더 우수한 교육에 대한 비전을 품고 독일과 네덜란드 전역에 공동생활 형제단 학교를 열었다. 이 그룹에서 토마스 아 켐피스는 성적이 우수한 학생이자 훌륭한 필사자로 알려졌다.

1399년 봄, 토마스 아 켐피스는 데벤터르에서 인문학 공부를 마치고 공동생활 형제단을 떠나 즈볼레(Zwolle) 근처의 세인트 아그네스 산(Mount Saint Agnes)에 자리한 어거스틴 수도회에 들어갔다. 형이 앞서 작은 수도원을 세우고 교회를 시작한 이곳에서 토마스 아 켐피스는 1406년에 수련수사

(novice)가 되었고 1413년, 교회가 축성된 이듬해 사제 서품을 받고 청빈과 순결과 복종을 맹세했다.

그는 관리 업무에 관심이 없었던 것이 분명하지만 장상으로 선출되었고, 몸이 아주 쇠약했거나 너무 연로해 계속하지 못할 때까지 이 직무를 수행했던 것으로 보인다. 그는 이 직무를 수행하면서 독실한 젊은이들을 훈련했는데, 짧은 글을 많이 쓰도록 독려하는 것이 그의 소명 중 하나였다.

또한 그는 수도원에 딸린 교회에서 설교를 자주 했으며, 1471년에 세상을 떠날 때까지 필사하고(그는 성경을 네 차례 필사했다), 편지와 찬송과 전기를 쓰며, 상담하고, 《그리스도를 본받아》를 저술하는 등, 헌신의 삶을 살았다. 토마스는 마지막 필사 세대를 살았으며, 이 고전은 필사의 산물이다.

그가 묻힌 수도원은 종교개혁 2백 년 후에 파괴되었고, 그의 유해는 쾰른의 주교후(Price-Bishop, 주교인 동시에 세속 영지를 소유한 영주)에 의해 즈볼레로 옮겨져 화려한 유물함에 보관되다가 지금은 성 미카엘 성당(St. Michael's Church)에 안치되어 있다.

저자에 관한 논란

지금은 이 고전을 토마스 아 켐피스의 작품으로 보지만,《그리스도를 본받아》의 저자를 두고 한때 논란이 있었다. 이 책은 익명으로 세상에 나왔고 여러 필사자가 필사했기 때문에, 그의 형 요한을 비롯해 다양한 영성 저자의 작품으로 여겨졌다.

이 고전의 저자와 관련된 논란은 2백 년 후인 17세기에도 일어났으나, 토마스 아 켐피스가 속했던 수도회 구성원들을 비롯해 큰 권위를 지닌 동시대 증인들이 토마스 아 켐피스를 이 고전의 저자로 지목했다. 이 책은 그의 다른 저작들에 나타나는 문체와 일치하며, 그가 속한 신비주의 진영의 정신과도 일치한다.

본서의 구성과 각 권의 주제

앞서 언급했듯이, 이 책을 읽다 보면 왠지 무계획적이라는 인상을 받는다. 그러나 이런 인상은 실제와 다르다. 이 책을 구성하는 네 부는 하나하나가 핵심적이고 체계적인 주제를 중심으로 배열되었기 때문이다.

각각의 주제를 다음과 같이 요약할 수 있다.

1부 우리는 세상과 그 쾌락에 등을 돌려야 한다.

2부 우리는 맡겨진 모든 일에 기꺼이 헌신해야 한다.

3부 우리는 예수 그리스도께서 주신 고난의 가르침을 명심해야 한다.

4부 우리는 외적 유혹을 떨쳐버려야 한다.

이 책을 주제를 따라 읽는 외에, 잠언을 읽듯이 읽어도 좋겠다. 잠언처럼 여전히 지혜롭고 인용할 만하며 놀랍도록 새롭기 때문이다. 토마스 아 켐피스가 자신의 시대에 쓴 내용이 오늘 우리의 믿음에 관해 알려주는 것에 세밀하게 집중하면서 한 번에 몇 장씩 읽는 것이 더 좋겠다.

제1권 《영적생활에 유익한 권면》에 대하여

토마스 아 켐피스는 놀랍도록 직설적이다. 1장에서, 우리가 겸손하지 않다면 삼위일체 같은 것들에 관한 우리의 신학적 입장을 아는 것이 전혀 유익하지 않다고 강하게 주장한다.

미소를 자아내는 그의 절제된 표현을 빌리자면, 우리가 겸손하지 못하면 결국 삼위일체 하나님을 언짢게 할 것이다. 그는 여기서 그치지 않는다.

우리가 성경과 철학자들의 말을 모조리 다 알더라도 하나님을 사랑하고 은혜를 실천하지 않으면 아무 유익이 없다고 말한다. 우리는 알고 싶지만 우리 영혼에 눈곱만큼도 유익하지 않은 것이 많다고 말한다. 매체와 사실에 사로잡힌 우리 세대에 일침을 가하는 말이다.

그는 간결하면서도 애석한 어조로, 사람들이 질문을 쏟아낼 때만큼이라도 자신의 악을 뿌리 뽑고 덕을 심는 일에 열심을 낸다면 이들이 세상에 남기는 상처와 걸림돌이 훨씬 줄어들고 수도원에서 나타나는 해이함도 훨씬 줄어들 것이라고 말한다(후자를 교회로 번역할 수 있겠다).

"선한 삶을 산다"라는 말은 하나님 앞에서 지혜롭다는 뜻이며, 이것은 흔히 겸손하고 소박한 사람들과 나누는 교제를 통해 이루어질 수 있다.

이 진지한 책에 유머가 전혀 없지는 않다. 토마스 아 켐피스는 풍자적인 투로 말한다.

"우리는 때로 어떤 사람들과 어울림으로써 그들을 기쁘게 해준다고 생각하지만, 오히려 그들이 우리 속에 있는 나쁜 성품들을 발견하고 기분 상할 때가 있습니다."

이 작품은 긴 데다 같은 내용을 되풀이한다. 그러나 이러한 길이와 되풀이까지도, 오늘 우리가 말하듯이, 자신의 문화가 "알지" 못한다는 그의 고뇌 어린 이해를 반영한다고 보아야 한다(우리의 문화는 두말할 필요도 없다).

사람들은 현혹되지 않는 삶을 사는 것이 긴급하다는 생각을 거의 하지 않는다. 사람들은 그리스도께서 가르치신 대로 그리스도인으로 사는 데 무엇이 필요한지 거의 알지 못한다. 사람들은 하루하루를 선하게 살기보다 기분 좋게 살려고 하고, 하나님을 알기보다 뭔가 영적인 느낌을 찾으려 한다.

로잘리 드 로제(Rosalie De Rosset)

발행인의 글

편집자 서문

차례

그리스도를 본받고
세상 모든 헛된 것을 경시함

─┐ 1 ┌─

주님은 "나를 따르는 자는 어둠에 다니지 아니하고"(요 8:12)
라고 말씀하셨습니다. 이것은 그리스도의 말씀이며, 참으로
깨우침을 얻고 마음의 모든 무지몽매함에서 벗어나려면 그분
의 삶과 성품을 어떻게 본받아야 하는지 가르쳐줍니다.
그러므로 우리는 무엇보다도 예수 그리스도의 삶을 묵상하는
일에 힘을 기울여야 합니다.

─┐ 2 ┌─

그리스도의 가르침은 모든 성자의 가르침보다 뛰어납니다.
성령을 받은 사람은 그분의 가르침에 감추어진 만나를 찾아

낼 것입니다.

많은 사람이 그리스도의 복음을 자주 들으면서도 거의 영향 받지 않는 것은 그리스도의 영이 없기 때문입니다.

누구든지 그리스도의 말씀을 온전하고 실감 나게 깨닫기 원한다면, 자신의 삶이 그리스도의 삶을 온전히 따르도록 노력해야 합니다.

3

그대가 겸손하지 못해 삼위일체 하나님을 언짢게 한다면 삼위일체를 아무리 심오하게 논한들 무슨 소용이 있겠습니까? 고상한 말이 사람을 거룩하고 의롭게 하는 것이 아닙니다. 덕스러운 삶이야말로 그 사람이 하나님께 소중한 존재가 되게 합니다. 나는 회개의 정의를 내리기보다 양심의 가책을 느끼는 편이 낫습니다.

그대가 성경과 모든 철학자의 말을 모조리 외운다 한들, 그대에게 하나님의 사랑이 없고(고전 13:2) 은혜가 없다면 무슨 유익이 있겠습니까?

하나님을 사랑하고 오직 그분만 섬기는 일 외에는 헛되고 헛되며 모든 것이 헛됩니다(전 1:2). 세상을 경시함으로써 천국으로 향하는 것이야말로 가장 고상한 지혜입니다.

@이요셉

고상한 말이 사람을 거룩하고 의롭게 하는 것이 아닙니다
덕스러운 삶이야말로 그 사람이
하나님께 소중한 존재가 되게 합니다

사라질 재물을 좇고 의지하는 것은 헛됩니다. 명예를 좇고 높은 자리에 오르려고 하는 것도 헛됩니다. 육신의 욕망을 따르고, 훗날 더욱 엄한 형벌을 받을 것이 분명한 일을 위해 수고하는 것은 헛됩니다.

오래 살기만을 바랄 뿐 선하게 사는 데 주의를 기울이지 않는 것도 헛됩니다. 현재의 삶에만 신경 쓰고 장래 일을 내다보지 않는 것도 헛됩니다. 속히 지나가버리는 것을 사랑하고, 영원한 기쁨이 있는 곳으로 발걸음을 재촉하지 않는 것도 헛됩니다.

5

"눈은 보아도 족함이 없고 귀는 들어도 가득 차지 아니하도다"(전 1:8)라는 말씀을 자주 되새기십시오. 눈에 보이는 것에서 마음을 돌이켜, 보이지 않는 것을 바라보도록 노력하십시오. 정욕을 좇는 자는 자기 양심을 더럽히고 하나님의 은혜를 잃기 때문입니다.

자신에 대해
겸손하게 생각하기

1

모든 사람에게는 알고자 하는 욕망이 있습니다(전 1:13). 그러나 하나님을 경외하지 않는다면 지식이 무슨 소용이겠습니까? 하나님을 섬기는 겸손한 농부가, 천체의 움직임을 알려고 애쓰면서도 정작 자신은 돌아보지 않는 교만한 철학자보다 분명히 낫습니다.

자신을 잘 아는 사람은 자신을 낮게 보기에 사람들의 칭찬에 우쭐하지 않습니다. 내가 세상 모든 것을 알더라도 사랑이 없다면, 내 행위대로 심판하실 하나님이 보시기에 내게 무슨 도움이 되겠습니까?

어떤 기술이나 학문을 안다고 우쭐대지 말고,
오히려 그대가 갖게 된 지식 때문에
더욱 겸손하고 더욱 신중해지십시오

2

알고 싶은 지나친 욕망을 끊으십시오. 그 속에 우리를 흐트러뜨리고 속이는 것이 많습니다. 배웠다는 사람들은 다른 사람들 눈에 배운 사람으로 보이고 지혜로운 사람으로 여겨지는 것을 아주 좋아합니다(고전 8:1).

안다 한들 영혼에 거의 또는 아무 도움이 되지 않는 것이 많습니다. 그러므로 자신의 구원에 유익한 것 외의 다른 것에 몰두하는 사람은 심히 지혜롭지 못합니다.

많은 말이 영혼을 만족시키지 못합니다. 그러나 선한 삶은 마음에 위안을 주고 깨끗한 양심은 하나님 앞에서 큰 보증이 됩니다.

3

더 많이 알고 더 이해하는 만큼 삶도 더 거룩해지지 않으면 훨씬 엄한 심판을 받을 것입니다. 그대는 어떤 기술이나 학문을 안다고 우쭐대지 말고, 오히려 그대가 갖게 된 지식 때문에 더욱 겸손하고 더욱 신중해지십시오.

많이 이해하고 많이 안다는 생각이 든다면, 그대가 알지 못하는 것이 더 많음을 명심하십시오. 지나치게 지혜로워 보이려 하지 말고, 오히려 자신의 무지를 인정하십시오(롬 12:16).

그대보다 많이 배우고 성경에도 훨씬 능통한 사람이 많은데 다른 사람들 앞에서 자신을 치켜세울 이유가 어디 있겠습니까? 무엇인가 유익한 것을 알려고 하거나 배우려 한다면 사람들에게 알려지거나 존경받기를 바라지 마십시오.

4

가장 고상하고 유익한 독서는 진정으로 자신을 알고 또 살피는 것입니다. 자신을 아무것도 아닌 존재로 여기고 언제나 다른 사람들을 좋게 여기며 높이 생각하는 것이 큰 지혜이고 완전함입니다.

다른 사람이 대놓고 죄를 짓거나 누군가 극악한 죄를 짓는 것을 보더라도 자신이 그 사람보다 낫다고 여기지 마십시오. 그대가 선한 상태를 얼마나 지속할 수 있을지 알 수 없기 때문입니다. 우리는 모두 연약합니다(창 8:21). 그렇더라도 그 누구도 그대만큼 연약하지 않음을 늘 명심하십시오.

03 CHAPTER

진리의
가르침에 관하여

┌─┐
│ 1 │
└─┘

사라져버릴 비유와 말이 아니라 진리 그 자체에서 배우는 사람은 복이 있습니다(시 94:12).

우리 자신의 판단과 감각은 자주 우리를 속일 뿐 제대로 분별하지 못합니다. 우리가 그것들을 모른다고 해서 심판 날에 책망받을 것도 아닌데 어둡고 감춰진 것들에 관해 열변을 토한들 무슨 유익이 있겠습니까(전 3:9-11)?

유익하고 꼭 필요한 것을 소홀히 여기고, 호기심을 자아내고 해를 끼치는 일에 마음을 기울이는 것은 아주 어리석은 짓입니다. 눈이 있어도 보지 못하는 것입니다(시 115:5).

속(屬)이며 종(種)이 우리와 무슨 상관이 있습니까? 영원한 말씀을 듣는 사람은 불필요한 세상 생각에서 해방됩니다.

만물이 그 말씀에서 나왔고, 만물이 그 말씀을 선포합니다. 말씀은 만물의 시작이며 지금 우리에게도 말합니다. 말씀이 없는 사람은 그 누구도 바르게 깨닫거나 판단하지 못합니다. 만물이 말씀에서 나왔고 말씀으로 돌아가며 말씀 안에 있다는 것을 아는 사람은 하나님 안에서 마음의 고요를 누리고 평안을 잃지 않습니다.

진리이신 하나님, 제가 영원한 사랑 안에서 주님과 하나 되게 하소서. 저는 많이 읽고 듣는 데 지쳤습니다. 제가 원하고 바라는 것이 모두 주님 안에 있습니다. 주님 앞에서 모든 박사가 입을 다물고 모든 피조물은 침묵하게 하시고, 오직 주님만 제게 말씀하소서.

사람은 자신과 하나 되고 내적으로 단순해질수록 더 많은 것과 더 고상한 것을 어렵지 않게 깨닫습니다. 이런 사람은 위로부터 지혜의 빛을 받기 때문입니다(마 11:25 ; 눅 10:21).

순전하고 진실하며 흔들리지 않는 사람은 많은 일에 관여할

지라도 흐트러지지 않습니다. 이런 사람은 무슨 일이든 하나님의 영광을 위해서 하고, 내면이 고요하고 잔잔하며, 무엇을 하든지 자기의 유익을 구하지 않기 때문입니다.

마음에 들끓는 여러 감정만큼 자신을 방해하고 괴롭히는 것이 또 있겠습니까? 선하고 경건한 사람은 밖으로 어떤 일을 하기 전에 안으로 자신을 정돈합니다. 이런 사람은 악한 욕망에 끌려가지 않고 오히려 올바른 이성으로 향합니다.

자신을 이기려고 애쓰는 사람만큼 큰 싸움을 하는 사람이 있겠습니까? 우리는 마땅히 자신을 이기며, 날마다 더 강해지고 더 거룩해지려고 애써야 합니다.

4

현세의 모든 완전에는 불완전이 섞여 있고, 우리의 모든 지식에는 어둠이 있습니다. 학식을 향한 깊은 추구보다 겸손하게 자신을 아는 지식이 하나님께 나아가는 더 확실한 길입니다. 학식은 비난할 것이 아니며 뭔가에 대한 단순한 지식도 싫어해서는 안 됩니다. 지식은 그 자체로 선하며 하나님께서 명하신 것입니다. 그러나 선한 양심과 덕스러운 삶이 지식보다 우선해야 합니다. 많은 사람이 선하게 살기보다 지식을 얻으려고 애쓰기 때문에 자주 속고 아무 열매도 맺지 못하거나 거의 아무 유익도 얻지 못합니다.

사람들이 질문을 쏟아낼 때만큼만이라도 악을 뿌리 뽑고 덕을 심는 일에 열심을 낸다면, 세상에 이렇게 많은 상처가 있지도 않을 것이고 이렇게 추한 일도 없을 것이며 수도원에서 이런 나태함을 찾아볼 수도 없을 것입니다.

진심으로 말하는데, 심판 날에 하나님은 우리가 무엇을 읽었는지가 아니라 무엇을 했는지를 물으실 것이며(마 25장), 얼마나 말을 잘했느냐가 아니라 얼마나 덕스럽게 살았느냐를 물으실 것입니다.

내게 말해보십시오. 그대와 그렇게 친했으며 배움에 열중하고 학식이 빛을 발했던 그 모든 박사와 대가들은 지금 어디 있습니까? 이제 다른 사람들이 그 자리를 대신 차지하고, 그들을 거의 생각지도 않습니다. 그들이 살았을 때는 대단해 보였으나 지금은 사람들의 입에 오르내리지도 않습니다.

세상 영광은 얼마나 빨리 지나가 버리는지요(전 2:11)! 그들의 삶이 그들의 지식에 부합했더라면! 그랬더라면 그들의 학문과 독서가 선한 목적에 기여했을 것입니다.

너무나 많은 사람이 하나님을 섬기는 일에는 도무지 관심이 없고, 이 세상에서 헛된 지식을 좇다가 멸망에 이릅니다(딛 1:10). 이들은 겸손해지기보다 위대해지려고 하기에 생각이 허망해집니다(롬 1:21).

자선을 크게 베푸는 사람이야말로 진실로 큰 사람입니다. 자신을 작게 여기고 그 어떤 높은 영예에도 눈길을 주지 않는 사람이야말로 진실로 큰 사람입니다(마 18:4, 23:11). 그리스도를 얻으려고 땅의 모든 것을 배설물로 여기는 사람이야말로 진실로 지혜로운 사람입니다(빌 3:8). 하나님의 뜻을 행하고 자기 뜻을 내려놓는 사람이야말로 진실로 배운 사람입니다.

선하고 경건한 사람은 밖으로 어떤 일을 하기 전에 안으로
자신을 정돈합니다. 이런 사람은 악한 욕망에 끌려가지 않고
오히려 올바른 이성으로 향합니다

지혜롭고
신중한 행동에 관하여

1

아무 말이나 제안에 귀를 기울여서는 안 되고(요일 4:1), 하나
님의 뜻에 맞는지 신중하고 꼼꼼하게 살펴야 합니다.

그러나 안타깝습니다! 우리는 너무나 연약해서 다른 사람들
에 관해 좋은 쪽으로 믿고 말하기보다 나쁜 쪽으로 믿고 말하
기 일쑤입니다.

온전한 사람들은 다른 사람이 하는 모든 말을 쉽게 믿지 않습
니다. 사람이란 악에 빠지기 쉽고(창 8:21) 말실수를 흔히 한
다는 것을 알기 때문입니다(약 3:2).

급하게 행동하지 않고(잠 19:2) 자기 생각을 고집하지도 않는 다면 크게 지혜로운 처신입니다. 귀에 들리는 것을 다 믿지 않으며 자신이 들은 것이나 믿는 것을 곧바로 다른 사람들에게 말하지 않는 것도 지혜로운 처신입니다(잠 17:9).

자기 생각을 따르기보다 지혜롭고 양심적인 사람과 상의하고, 당신보다 나은 사람에게 가르침을 구하십시오(잠 12:15).

선한 삶을 사는 사람은 하나님 앞에서 지혜로워지고(잠 15:33) 많은 것을 경험합니다(전 1:16). 자신을 겸손히 낮추고 하나님께 순종할수록 매사에 신중해지며 더 큰 마음의 평안과 고요를 누릴 것입니다.

성경을
어떻게 읽을까

┌─┐
│1│
└─┘

성경에서 찾아야 할 것은 화려한 말재주가 아니라 진리입니다. 성경 각 부분은 그 말씀을 기록하신 같은 영 안에서 읽어야 합니다(롬 15:4). 성경에서 절묘한 말이 아니라 우리의 영적 유익을 구해야 합니다.

거창하고 심오한 책만큼이나 소박하고 경건한 책도 기꺼이 읽어야 합니다. 저자의 학식이 높든지 낮든지 저자의 권위에 휘둘리지 말고, 순수한 진리를 사랑하는 마음으로 읽으십시오(고전 2:4). 누가 이런저런 말을 했는지 찾지 말고, 무슨 말을 했는지에 주목하십시오.

사람은 사라지지만, 주님의 진리는 영원합니다(시 117:2 ; 눅 21:33). 하나님은 사람을 차별하지 않고 다양한 방식으로 우리에게 말씀하십니다(롬 2:11, 10:12 ; 골 3:11).

더 집중하지 말고 그냥 넘어가야 할 부분을 꼬치꼬치 캐묻고 따질 때처럼, 호기심이 성경을 읽는 데 방해될 때가 많습니다. 유익을 얻고 싶다면 겸손하고 단순하며 신실하게 읽고, 유식하다는 평판을 바라지 마십시오.

성자들의 말을 기꺼이 탐구하고 조용히 들어보십시오. 옛사람들의 비유를 싫어하지 마십시오. 이들의 비유가 까닭 없이 전해 내려온 것이 아니기 때문입니다(잠 1:6 ; 전 12:9).

성경에서 찾아야 할 것은 화려한 말재주가 아니라 진리입니다
성경 각 부분은 그 말씀을 기록하신 같은 영 안에서 읽어야 합니다
성경에서 절묘한 말이 아니라 우리의 영적 유익을 구해야 합니다

무절제한
감정에 관하여

┌ 1 ┐

사람은 무엇인가를 무절제하게 바랄 때마다 그 자신이 불안
해집니다. 교만하고 탐욕스러운 사람은 결코 쉼을 누리지 못
합니다. 마음이 가난하고 겸손한 자는 모든 평안을 누리며 삽
니다.

아직 자신에 대해 완전히 죽지 않은 사람은 작고 사소한 일에
쉽게 유혹되어 넘어갑니다. 마음이 연약한 사람, 아직 육신의
방식에 머물며 감각의 쾌락을 기뻐하는 사람은 세상 욕망을
완전히 떨쳐버리기 어렵습니다. 이런 사람은 이런 욕망에서
멀어질 때 흔히 괴로워하며 그 무엇이든 자신을 가로막으면
쉽게 분노합니다.

사람이 자신의 성향을 따랐다면 양심의 가책에 괴로울 것입니다. 자신이 찾는 평안을 얻는 데 전혀 도움이 되지 않는 그의 욕망에 굴복했기 때문입니다.

진정한 마음의 평안은 우리의 욕망에 굴복함으로써 얻는 것이 아니라 그 욕망에 저항함으로써 얻습니다.

육적인 사람과 외적인 것에 집착하는 사람의 마음에는 평안이 없습니다. 평안은 영적이고 경건한 사람의 마음에 있습니다.

헛된 신뢰와 자랑을
버리는 것에 관하여

1

사람이나 피조물을 신뢰하는 자는 헛됩니다(렘 17:5). 예수 그리스도의 사랑 때문에 다른 사람들을 섬기는 것과 세상에서 가난한 자로 여겨지는 것을 부끄러워하지 마십시오.

자신을 의지하지 말고 하나님께 소망을 두십시오(시 31:1). 자신의 힘으로 감당할 수 있는 일을 하십시오. 그러면 하나님께서 그대의 선한 의도를 도우실 것입니다.

자신의 지식을 신뢰하지 말고(렘 9:23), 살아 있는 그 어떤 피조물의 영리함도 신뢰하지 마십시오. 그 대신 겸손한 자를 도우시고 교만한 자를 낮추시는 하나님의 은혜를 신뢰하십시오.

재물을 가졌더라도 재물을 자랑하지 말고 힘 있는 친구들도 자랑하지 마십시오. 모든 것을 주시며 무엇보다도 그분 자신을 당신에게 주시려는 하나님을 자랑하십시오.

키가 크거나 외모가 아름답다고 자랑하지 마십시오. 이것들은 조금만 아파도 일그러지고 망가집니다. 타고난 재능이나 머리를 자랑함으로써 하나님을 노엽게 하지 마십시오. 그대가 타고난 모든 좋은 것은 본디 하나님이 주신 것입니다.

자신을 남들보다 낮게 여기지 마십시오(출 3:11). 그러지 않는다면 사람 속을 아시는 하나님께서 당신을 다른 사람들보다 못하게 여기실 것입니다.

선행을 자랑하지 마십시오(욥 9:20). 하나님의 판단은 사람의 판단과 전혀 달라서 사람을 기쁘게 하는 일이 하나님을 노엽게 할 때가 많기 때문입니다. 당신 안에 선한 것이 있다면 다른 사람들 안에는 훨씬 많다고 믿고 겸손을 잃지 마십시오.

자신을 모든 사람보다 낮추는 것은 해롭지 않지만, 자신을 단 한 사람보다 높이더라도 그것은 그대에게 매우 해롭습니다. 겸손한 사람은 늘 평안을 누리지만 마음이 교만한 사람은 시기하며 자주 분노합니다.

08 CHAPTER

지나친 친밀감을
피하는 것에 관하여

┌ 1 ┐

아무에게나 마음을 열지 말고, 당신의 일을 지혜롭고 하나님을 경외하는 사람과 상의하십시오(전 8:12). 젊은 사람들이나 낯선 사람들과 대화를 많이 하지 마십시오(잠 5:10). 부자에게 아첨하지 말고, 대단한 사람들에게 얼굴을 보이려고 애쓰지도 마십시오.

겸손하고 소박한 사람들, 경건하고 덕스러운 사람들과 어울리고, 이들과 덕을 세우는 대화를 나누십시오. 그 어떤 여자와도 친밀하게 지내지 말고, 모든 선한 여자를 똑같이 하나님께 맡기십시오.

오직 하나님과 그분의 천사들과 친밀하기를 바라고, 사람들과 어울리기를 피하십시오.

┌─── ┐
│ 2 │
└─── ┘

우리는 모두를 사랑으로 대해야 하지만, 친근함이 올바른 방편인 것은 아닙니다. 우리가 모르는 사람에 대해 좋은 이야기를 전해 듣고 그 사람을 존경하다가도, 그 사람을 직접 본 후에는 실망할 때가 종종 있습니다.

우리는 때로 어떤 사람들과 어울림으로써 그들을 기쁘게 해 준다고 생각하지만, 오히려 그들이 우리 속에 있는 나쁜 성품들을 발견하고 기분 상할 때가 있습니다.

부자에게 아첨하지 말고, 대단한 사람들에게
얼굴을 보이려고 애쓰지도 마십시오

@이요셉

순종과
복종에 관하여

1

자신이 직접 심판자가 되지 않고 자신을 윗사람 아래 두고 순종하며 사는 것은 훌륭합니다. 순종이 다스림보다 훨씬 안전합니다.

많은 사람이 사랑으로 순종하며 살지 못하고 어쩔 수 없이 순종하며 삽니다. 이런 사람들은 만족하지 못하고 쉽게 불평합니다. 하나님의 사랑에 매여 기꺼이, 진심으로 순종하지 않으면 마음이 자유를 얻지 못합니다.

어디를 가더라도 쉼을 얻지 못하겠지만, 윗사람의 다스림에 겸손히 복종하면 쉼을 얻습니다. 많은 사람이 자신의 자리를 바꾸면 쉼을 얻으리라는 거짓말에 속습니다.

사실 모든 사람이 자기 입맛에 맞는 일은 기꺼이 하고, 마음에 맞는 사람은 흔쾌히 존경합니다. 그러나 하나님이 우리 가운데 계시면, 때로는 평화를 위해서 자기 생각을 고집하지 말고 내려놓아야 합니다.

더없이 지혜로워 모든 것을 다 아는 사람이 어디 있겠습니까? 그러므로 자기 생각을 과신하지 말고 다른 사람들의 판단에 귀를 기울이십시오. 자기 생각이 좋더라도 하나님을 위해 내려놓고 다른 사람의 생각을 따른다면 그대에게 더 유익할 것입니다.

조언하는 것보다 조언을 듣는 것이 안전하다는 말을 나는 자주 들었습니다. 각자의 생각이 다 좋을 수도 있지만, 다른 사람들의 생각을 받아들여야 할 이유나 특별한 상황이 있는데도 이를 거부한다면 교만과 아집을 드러내는 것입니다.

10 CHAPTER

쓸데없는 말을
삼가는 것에 관하여

1

소란스러운 자리는 되도록 피하십시오(마 5:1, 14:23 ; 요 6:15).
세상 이야기가 오가는 대화란 의도가 순수해도 큰 방해가 되
고, 우리가 금세 더럽혀지고 허영에 빠지기 때문입니다.

나는 말을 내뱉고 나서 차라리 입을 다물었다면, 차라리 사람
들과 어울리지 않았더라면 좋았을 텐데 하며 후회할 때가 많
습니다.

우리는 양심에 상처가 남고 고요함을 되찾기 어려워지는데도
왜 그렇게 수다 떨기를 좋아합니까(마 7:1 ; 롬 2:1)? 우리가 그
렇게도 이야기하고 싶어 하는 것은 대화를 통해 서로 위로받
고, 온갖 생각에 지친 마음을 달래고 싶기 때문입니다. 그래서

자신이 가장 사랑하거나 바라는 것, 자신이 가장 골칫거리라고 느끼는 것을 흔쾌히 이야기하고 또 생각합니다.

2

안타깝게도, 이것은 헛되고 끝이 없습니다. 이러한 외적 위로 때문에 하나님이 주시는 내적 위로를 적잖게 잃어버리기 때문입니다. 그러므로 시간이 헛되이 흘러가지 않도록 지켜보며 기도해야 합니다.

말하는 것이 적절하고 합당하면, 덕을 세우는 말을 하십시오. 악한 습관이 몸에 배고 자신의 선(善)에 무관심하면 사려 깊지 못한 말을 너무 쉽게 내뱉게 됩니다.

영적인 말이 오가는 경건한 대화는 우리의 영적 성장에 크게 기여합니다(행 1:14 ; 롬 15:5,6). 특히 같은 마음과 영을 가진 사람들이 하나님 안에서 교제할 때 더욱 그렇습니다.

평안을 얻고 은혜 안의 진보를
간절히 사모함에 관하여

@이요셉

1

다른 사람들의 말과 행동, 자신과 상관없는 일들로 자신을 분주하게 하지 않는다면 우리는 큰 평안을 누릴 수 있습니다. 다른 사람들의 일에 참견하고, 그럴 기회를 찾아다니고, 자기 생각에 거의 집중하지 못하는 사람이 어떻게 오래도록 평안을 누릴 수 있겠습니까?

한마음을 품은 사람은 복이 있습니다. 이런 사람은 큰 평안을 누리기 때문입니다.

2

성자들은 어떻게 그처럼 온전하고 깊은 묵상에 잠길 수 있었습니까? 세상의 모든 정욕을 끊으려고 노력했기 때문입니다. 그래서 온 마음을 하나님께 집중하고 영적 묵상에 자유롭게 잠길 수 있었습니다.

우리는 자신의 욕망에 너무 많이 휘둘리고, 덧없는 것에 지나치게 매달립니다. 악을 단 하나도 좀처럼 제대로 극복하지 못하고, 매일 더 나아지려는 뜨거운 열정으로 불타지도 못하며, 차갑거나 미지근한 상태에 머무릅니다.

자신에 대해 완전히 죽고 자기 마음에 얽매이지 않으면 거룩한 것들을 맛보고 하늘의 묵상을 적잖이 경험할 수 있습니다. 가장 큰 걸림돌, 정말 걸림돌이 되는 것은 우리가 자신의 욕망과 정욕에서 벗어나지 못하는 것이며, 성도들이 앞서 걸었던 온전함에 이르는 길을 걸으려고 애쓰지 않는 것, 너무 쉽게 낙담하는 것, 그리고 사람의 위로에 눈을 돌리는 것입니다.

용맹한 사람들처럼 전투에서 굳게 서려고 애쓰면 하늘에서 내리는 하나님의 은혜로운 도움을 느낄 것입니다. 싸울 기회를 주시고 우리로 마침내 승리하게 하시는 분은 용감히 싸우고 그분의 은혜를 의지하는 자들을 도우려고 준비하고 계시기 때문입니다.

단지 표면적인 것들을 준수함으로 신앙생활의 진보를 이루려고 한다면, 우리의 경건은 금세 바닥나고 말 것입니다. 아예 뿌리를 뽑아버립시다. 정욕에서 해방되면 우리 영혼이 쉼을 찾을 것입니다.

해마다 악을 하나씩 뿌리 뽑으면 곧 완전한 사람이 될 것입니다. 그러나 반대 경우를 자주 보는데, 우리가 믿은 지 여러 해 지난 후보다 처음 회심했을 때 더 낫고 더 순수했다는 것입니다. 우리의 열정과 진보가 날마다 더 커져야 하는데, 처음 열심을 조금이나마 유지할 수만 있어도 대단하다고 여깁니다. 처음에 조금만 노력한다면 나중에 모든 것을 쉽고 즐겁게 할 수 있을 것입니다.

익숙한 것을 내려놓기란 어려운 일이지만 자신의 의지를 거스르는 것은 더 어렵습니다. 그러나 작고 쉬운 것들을 이겨내지 못한다면 더 어려운 것들을 어떻게 극복하겠습니까?
처음부터 자신의 성향에 저항하고 악한 습관을 버리십시오. 그러지 않으면 이것들이 당신을 더 큰 어려움에 조금씩 몰아넣을 것입니다.
당신의 거룩한 삶의 모범이 얼마나 당신에게 내적 평안을 안기고 다른 사람들에게 기쁨을 주는지 깊이 생각해본다면, 당신은 영적으로 진보하는 데 훨씬 더 관심을 쏟을 것입니다.

12 CHAPTER

역경이 주는
유익에 관하여

┌─┐
│ 1 │
└─┘

때로 어려움을 겪고 십자가를 지는 것은 유익합니다. 고난과
십자가는 흔히 자신을 돌아보게 하고, 자신이 나그네이며 세
상 그 무엇도 의지해서는 안 된다는 것을 깨닫게 해주기 때문
입니다.

선한 의도로 좋게 행하고도 이따금 반대에 부딪히고, 사람들
이 우리를 나쁘게 생각하거나 오해하는 것도 유익합니다. 이
런 일은 흔히 우리를 겸손하게 하고 헛된 영광에 빠지지 않게
지켜줍니다. 사람들이 우리를 믿어주지 않을 때, 우리는 주로
하나님께서 우리의 마음을 아는 증인이 되어주시기를 구하기
때문입니다.

60 　　　　　　　　　　　　　　　　　　　그리스도를 본받아 1

그러므로 자신을 온전히 하나님께 맡겨야 하며, 그러면 사람에게서 많은 위로를 구할 필요가 없습니다.

선한 사람은 악한 생각으로 시달리거나 유혹받거나 괴로울 때 자신은 하나님이 절실히 필요하며 그분 없이는 전혀 선을 행할 수 없다는 것을 더 잘 이해하게 됩니다.

이런 경우에 그는 자신이 겪는 비참한 상황 때문에 슬퍼하고 탄식하며 기도합니다. 그러면 그는 더 오래 사는 일에 지쳐서, 죽음이 찾아와 세상을 떠나서 그리스도와 함께하기를 바랍니다. 또한 이 세상에서는 완벽한 안전과 온전한 평안을 누릴 수 없음을 깨닫습니다.

선한 의도로 좋게 행하고도 이따금 반대에 부딪히고,
사람들이 우리를 나쁘게 생각하거나 오해하는 것도 유익합니다

13 CHAPTER

시험과 유혹을
물리침에 관하여

┌─┐
│ 1 │
└─┘

이 세상에 사는 한, 고난과 시험(temptation)을 만나지 않을 수
는 없습니다. 욥기에 따르면, "이 땅의 삶은 시험의 삶입니
다"("이 땅에 사는 인생에게 힘든 노동이 있지 아니하겠느냐," 욥
7:1 개역개정).

그러므로 누구라도 마귀가 자신을 속일 기회를 얻지 못하도
록 시험을 조심하고 기도로 깨어 있어야 합니다. 마귀는 절대
잠들지 않고, 삼킬 자를 늘 찾아다닙니다.

때때로 시험받지 않을 만큼 완벽하고 거룩한 사람은 없고, 시
험이 전혀 없으면 우리도 있을 수 없습니다.

2

시험은 성가시고 고통스럽지만, 우리에게 매우 유익할 때가
많습니다. 시험을 통해 겸손하고 깨끗하게 되며 교훈을 얻기
때문입니다.

모든 성인(聖人)이 많은 고난과 시험을 겪었고, 이로써 유익을
얻었습니다. 시험을 이기지 못한 사람들은 타락하여 떠나갔
습니다. 시험이나 역경이 없을 만큼 거룩한 수도원도 없고 은
밀한 곳도 없습니다.

3

세상에 살면서 유혹에서 완전히 자유로운 사람은 없습니다.
악으로 치우치는 성향을 타고난 우리 속에 유혹의 근원이 있
기 때문입니다.

하나의 유혹이나 고난이 지나가면 또 다른 유혹이나 고난이
찾아옵니다. 우리가 우리의 복된 상태에서 타락했기 때문에
우리는 늘 고통당합니다.

많은 사람이 유혹을 피하려 하다가 더 깊이 빠져듭니다. 피하
는 것만으로는 유혹을 이길 수 없고, 인내와 진정한 겸손으로
모든 대적보다 강해집니다.

유혹을 겉으로만 피하고 뿌리째 뽑지 않는 사람은 거의 아무 유익도 얻지 못합니다. 유혹은 이내 그를 다시 찾아오고, 그는 이전보다 나쁜 상태에 빠질 것입니다.

격렬함과 당신의 끈질김으로 물고 늘어지는 것보다는 하나님의 도우심으로 인내하고 오래 참음으로 조금씩 유혹을 이겨나감으로써 더 쉽게 극복할 수 있을 것입니다.

시험받고 있다면 조언을 자주 구하십시오. 시험받고 있는 사람을 거칠게 대하지 마십시오. 당신이 위로받기를 원하듯, 그 사람을 위로하십시오.

모든 악한 시험은 변덕스러운 마음, 하나님을 좀처럼 신뢰하지 않는 마음에서 시작됩니다. 키가 없는 배가 파도에 요동치듯이, 태만하고 목적을 쉬 잃는 사람은 시험을 많이 받습니다. 불이 쇠를 연단하듯이, 시험은 의로운 사람을 연단합니다. 우리는 자신이 무엇을 할 수 있을지 모를 때가 많지만, 시험은 우리를 있는 그대로 드러냅니다.

유혹이 시작될 때는 특히 정신을 바짝 차려야 합니다. 원수가 우리 마음의 문을 들어서기 전, 마음의 문을 두드리는 순간에 그를 물리치기가 더 쉽기 때문입니다. 그래서 누군가는 "병은 초장에 다스려라. 너무 늦으면 약이 안 듣는다"(Ovid., lib. 1, de Remed Am)라고 말했습니다.

처음에는 그저 어떤 생각이 스쳐 갈 뿐이지만, 뒤이어 그 생각이 상상력을 자극하고, 후에는 거기서 쾌락을 느끼며 악한 움직임이 일어나고, 결국 거기에 넘어가게 됩니다.

처음에 저항하지 않으면, 악한 원수는 이렇게 야금야금 들어와 결국 우리 마음을 송두리째 장악합니다. 저항을 소홀히 할수록 우리는 나날이 약해지고 원수는 더 강하게 대적합니다.

6

어떤 사람들은 회심하고 초기에 큰 시험을 겪고, 어떤 사람들은 말기에 큰 시험을 당합니다. 그런가 하면 어떤 사람들은 거의 평생토록 시험받습니다. 어떤 사람들은 쉽게 시험당하는데, 사람의 상태와 가치를 판단하고 자신이 택한 자들의 안녕을 위해 모든 것을 정하시는 하나님의 지혜와 공평에 따른 것입니다.

@이요셉

시험은 의로운 사람을 연단합니다
우리는 자신이 무엇을 할 수 있을지 모를 때가 많지만,
시험은 우리를 있는 그대로 드러냅니다

그러므로 시험받을 때 절망하지 말고, 모든 시련 속에서 하나님께 더 열심히 도움을 구해야 합니다. 사도 바울의 말처럼, 하나님은 우리가 시험을 감당할 수 있도록 우리가 시험받을 때 피할 길을 주실 것입니다(고전 10:13).

시험과 고난을 당할 때마다 우리의 영혼을 하나님의 손 아래 낮추어야 합니다. 하나님은 겸손한 자를 구원하고 높이실 것이기 때문입니다.

8

시험과 고통을 통해 그 사람이 얼마나 유익을 얻었는지가 증명됩니다. 이로써 그의 상은 더 커지며, 그의 품위는 더 환하게 빛납니다. 고통스러움을 느끼지 않을 때 경건하고 열심을 내는 것은 그리 대단한 일이 아닙니다. 그러나 역경에 처했을 때 인내한다면 은혜 안에서 더 큰 진보를 이룰 소망이 있습니다.

어떤 사람들은 큰 유혹에는 넘어가지 않지만 날마다 만나는 작은 유혹에 쉽게 넘어갑니다. 이것은 자신이 작은 유혹에 넘어간다는 것을 깨닫고 큰일에서 결코 자신을 의지하지 않게 하려는 것입니다.

성급한 판단을
피하는 것에 관하여

1

눈을 자신에게 돌리고 다른 사람들의 행동을 판단하지 않도록 조심하십시오(마 7:1 ; 롬 15:1). 다른 사람들을 판단할 때 헛되이 수고하고, 흔히 잘못을 범하며, 쉽게 죄를 짓습니다(마 12:25 ; 눅 12:51). 그러나 자신을 판단하고 살필 때 그 수고는 늘 열매를 맺습니다.

우리는 흔히 자신이 원하는 대로 판단합니다. 자기애(自己愛)가 올바른 판단을 못 하도록 가로막곤 하기 때문입니다. 우리가 늘 순전히 하나님만 바란다면 육신의 생각을 거부하기 때문에 그리 쉽게 흔들리지는 않을 것입니다.

그리스도를 본받아 1

그러나 우리는 마음속에 숨어 있는 그 무엇이나 밖에서 일어
나는 그 어떤 일에 자주 끌려다닙니다. 많은 사람이 자신이 하
는 일에서 자기도 모르게 자신의 이익을 은밀하게 구합니다.
사람들은 자기 뜻과 생각대로 일이 될 때는 평안한 마음으로
사는 것 같습니다. 그러나 일이 바라는 대로 되지 않으면 금세
흔들리고 초조해집니다. 판단과 의견이 달라서 친구들과 동
족 간에도, 경건한 신앙인들 간에도 흔히 불화가 일어납니다
(전 3:16).

오래된 습관을 버리기란 쉽지 않으며(렘 13:23), 눈에 보이는
곳 너머까지 기꺼이 가려는 사람은 없습니다.
그대가 예수 그리스도께 복종하게 하는 능력보다 자신의 이
성과 성실을 더 의지한다면 깨달음을 얻는 데 오랜 시간이 걸
릴 것입니다. 하나님은 우리를 그분께 완전히 복종시켜서 우
리가 그분의 사랑으로 불타올라 인간 이성의 좁은 한계를 뛰
어넘게 하실 것이기 때문입니다.

15 CHAPTER

사랑으로
하는 일에 관하여

┌─┐
│ 1 │
└─┘

세상적인 일로나 누군가의 사랑을 받기 위해서 악을 행해서
는 안 됩니다(마 18:8). 그러나 곤경에 처한 사람의 행복을 위
해서라면 때로는 선행을 주저 없이 미루거나 더 선한 일로 바
꾸어야 합니다. 이렇게 함으로써, 선한 일을 놓치는 것이 아니
라 더 선한 일로 바뀌기 때문입니다.

사랑이 빠진 외형적 행위는 아무 유익이 없습니다(고전 13:3
; 눅 7:47). 그러나 무엇이든 사랑으로 하는 일은, 세상의 눈에
아무리 작고 하찮아 보여도, 온전히 열매를 맺습니다. 하나님
은 사람이 얼마나 많은 일을 하느냐보다 얼마나 많은 사랑으
로 일하느냐를 더 중요하게 여기시기 때문입니다.

그리스도를 본받아 1

하나의 일을 잘하는 사람은 많은 일을 하는 것입니다. 자기 뜻 대로 행하기보다 공동체를 섬기는 사람이 일을 잘하는 것입니다(빌 2:17). 사랑처럼 보이지만 육욕인 경우가 많습니다. 육체의 소욕, 아집, 상을 바라는 마음, 이기적 욕망이 개입되지 않는 경우가 드물기 때문입니다.

진실하고 온전한 사랑을 가진 사람은 자신을 위해서는 아무 것도 구하지 않고(빌 2:21 ; 고전 13:5), 오직 하나님의 영광이 높이 드러나기를 바랍니다. 이런 사람은 아무도 부러워하지 않습니다. 개인의 이익을 구하지 않으며, 자신을 기뻐하지도 않고, 무엇보다도 하나님을 즐거워하는 것으로 기뻐하기를 원하기 때문입니다(시 17:15, 24:6).

이런 사람은 좋은 것은 무엇이든 사람의 공로로 돌리지 않고 온전히 하나님의 공로로 돌립니다. 샘에서 물이 솟아나듯 하나님에게서 만물이 나오며 하나님 안에서 모든 성도가 마침내 최고의 열매를 맺으며 안식할 것이기 때문입니다.

참사랑의 불꽃이 조금이라도 있는 사람은 세상 것이 모두 헛됨을 분명히 알 것입니다.

무엇이든 사랑으로 하는 일은,
세상의 눈에 아무리 작고 하찮아 보여도,
온전히 열매를 맺습니다

16 CHAPTER

다른 사람들의 결점을
참는 것에 관하여

---

[1]

자신이나 다른 사람들에게 고칠 수 없는 결점이 있다면, 하나
님께서 바꾸어주실 때까지 참고 견뎌야 합니다. 어쩌면 이것
이 그대의 시련과 인내를 위해 더 나을 것입니다.

결점이 없다면 우리의 모든 선행은 그다지 높이 평가받지 못
합니다. 그렇더라도 자신에게 그런 장애물이 있다면 하나님
께 도움을 청하고, 그것을 잘 감당하게 해달라고 기도해야 합
니다(마 6:13 ; 눅 11:4).

[2]

한두 번 경고해도 듣지 않는 사람이 있다면 그 사람과 다투지

마십시오. 모든 것을 하나님께 맡겨서 하나님의 뜻이 이루어지고(마 6:10) 그분의 이름이 그분의 모든 종들 가운데 높임을 받게 하십시오. 하나님은 어떻게 악을 선으로 바꾸는지 잘 아십니다.

다른 사람들의 단점과 약점을 참을성 있게 인내하려고 노력하십시오. 그대에게도 다른 사람들이 참아주어야 하는 약점이 많기 때문입니다(살전 5:14 ; 갈 6:1).

그대도 그대가 원하는 모습으로 자신을 바꾸지 못하는데 어떻게 다른 사람을 자기 마음에 쏙 들게 바꿀 수 있겠습니까? 우리는 다른 사람들을 완벽히 바꾸려 들지만 정작 자기 잘못은 고치려고 하지 않습니다.

3

우리는 다른 사람들을 철저히 바로잡으려 들지만 정작 자신을 고치려 하지는 않습니다. 다른 사람들이 제멋대로 행동하면 불쾌해하면서도 정작 자신의 욕망을 억제하려고 하지는 않습니다. 다른 사람들을 엄격한 법에 묶어두려 하면서도 정작 자신은 제약받지 않으려고 합니다. 그래서 자신과 이웃을 같은 저울로 달아보는 일은 거의 드뭅니다.

모든 사람이 다 완전하다면 우리가 하나님을 위해 이웃에게 고통당할 이유가 어디 있겠습니까?

4

하나님은 우리가 서로 짐을 지는 법을 배우도록 정하셨습니다(갈 6:2). 결점 없는 사람도 없고, 짐 없는 사람도 없으며, 자신만으로 충분한 사람도 없고, 홀로 온전히 지혜로운 사람도 없습니다. 그래서 우리가 서로 참아주고, 서로 위로하고, 서로 돕고, 서로 가르치며, 서로 권면해야 하기 때문입니다(살전 5:14 ; 고전 12:25).

한 사람이 가진 덕과 힘의 크기는 역경을 만날 때 가장 잘 드러납니다. 역경은 사람을 약하게 하는 것이 아니라 그가 어떤 사람인지를 드러내기 때문입니다.

@도성운

한 사람이 가진 덕과 힘의 크기는 역경을 만날 때 가장 잘 드러납니다
역경은 그가 어떤 사람인지를 드러내기 때문입니다

17 CHAPTER

한 걸음
물러선 삶

┌ 1 ┐

다른 사람들과 평화롭고 화목하게 지내려면 많은 부분에서
자기 뜻을 꺾는 법을 배워야 합니다(갈 6:1).

수도원이나 신앙 공동체에서 살면서 불평 없이 지내고 믿음
으로 인내하며 죽음을 맞는 것은 결코 작은 일이 아닙니다(눅
16:10). 그곳에서 잘 살다가 행복하게 세상을 떠나는 사람은
복이 있습니다.

끝까지 은혜로 인내하고 성장하기 원한다면 이 땅에서 자신
을 나그네요 순례자로 여기십시오(벧전 2:11). 경건하게 살기
원한다면, 그리스도를 위해 세상에서 어리석은 자로 여겨지
는 것에 만족하십시오.

종교적인 습관을 들이거나 머리를 미는 것은 거의 아무 유익이 없습니다. 그러나 태도를 바꾸고 정욕을 완전히 굴복시키면 참으로 경건한 사람이 됩니다.

오직 하나님과 영혼의 구원 외에 다른 것을 구하는 사람은 환난과 슬픔밖에 찾지 못할 것입니다(전 1:17,18 ; 집회서 1:18). 가장 작은 자가 되어 모두를 섬기려고 하지 않는 사람은 오래도록 평안을 누리지 못합니다.

다스리려고 하지 말고 섬기기에 힘쓰십시오(눅 22:26). 당신은 고난받고 수고하도록 부름받은 것이지, 게으르거나 노닥거리며 시간을 허비하라고 부름받은 것이 아닙니다.

사람은 도가니에 던져질 때 순금인지 아닌지 드러납니다. 하나님의 사랑 때문에 온 마음으로 자신을 낮추지 않는 사람은 도가니를 견디지 못합니다.

18 CHAPTER

거룩한 선조들의
모범에 관하여

```
1
```

진정한 온전함과 경건의 빛을 발한 거룩한 선조들이 보여준
생생한 모범을 생각해보십시오(히 11장). 그러면 오늘 우리가
행하는 것이 너무나 보잘것없고 거의 아무것도 아님을 알 것
입니다.

아아! 그들과 비교한다면 우리 삶은 정말 보잘것없습니다! 성
도들과 그리스도의 친구들은 굶주림과 목마름, 추위와 헐벗
음, 기도와 거룩한 묵상, 숱한 박해와 비난 가운데서 주님을
섬겼습니다.

오, 사도들과 순교자들, 신앙고백자들, 처녀들을 비롯해 그리스도의 발자취를 따르려고 애쓴 수많은 사람이 극심한 고난을 얼마나 많이 당했는지요! 이들은 영원한 생명에 이르려고 세상에서 자신의 목숨을 미워했기 때문입니다(요 12:25).

오, 거룩한 선조들이 사막에서 얼마나 엄격하고 자기를 부인하는 삶을 살았는지요(마 7:14)! 이들이 얼마나 길고 혹독한 유혹을 견뎠는지요! 얼마나 자주 뜨겁게 하나님께 기도했는지요! 얼마나 철저히 금욕을 실천했는지요! 자신의 영적 진보에 얼마나 큰 열정과 관심을 쏟았는지요! 자신의 정욕을 이기려고 얼마나 격렬히 싸웠는지요! 하나님을 향해 얼마나 순전하고 올바른 마음을 품었는지요! 낮에는 노동하고 밤에는 기도에 열중했습니다. 노동할 때도 쉬지 않고 마음으로 기도했습니다.

이들은 모든 시간을 유익하게 사용했고, 하나님을 섬기는 모든 시간이 너무 짧다고 느꼈습니다. 묵상이 너무나 달콤해서 몸을 위해 꼭 필요한 식사조차 잊었습니다.

이들은 재물, 존엄, 영예, 친구, 친족을 다 버렸습니다(마

19:29). 세상에 속한 것이라면 아무것도 가지려 하지 않았고, 생명 유지에 꼭 필요한 것도 거의 챙기지 않았으며, 자기 몸에 필수적인 것을 공급하는 일조차 유감스러워했습니다.

그러므로 이들은 세상 것에는 가난했으나 은혜와 덕에는 아주 부유했습니다. 겉으로는 궁핍했으나 내면에는 은혜와 하나님의 위로가 넘쳤습니다.

4

이들은 세상에는 낯선 자였으나 하나님에게는 가깝고 친밀한 친구였습니다(약 4:4). 이들은 자신에게는 아무것도 아닌 존재로 보였고 자신이 사는 세상의 눈에는 경멸받을 만한 존재로 보였으나 하나님의 눈에는 보배롭고 사랑스러운 존재로 보였습니다.

이들은 진정한 겸손에 뿌리내리고 온전히 순종하며 살면서 사랑과 인내를 실천했습니다. 그럼으로써 날마다 영적 유익을 맛보고, 하나님 앞에서 큰 은혜를 입었습니다. 이들은 모든 신앙인의 모범으로 제시되었습니다.

우리는 미지근한 사람들의 삶에 휩쓸려 나태해지지 말고, 이러한 사람들에게 자극받아 탁월한 영성을 추구해야 합니다.

이 거룩한 모임이 처음 시작되었을 때 모든 신앙인이 얼마나 열정적이었는지요! 이들이 기도에 얼마나 헌신했는지요! 덕에서 다른 사람들보다 뛰어나겠다는 포부는 얼마나 컸는지요! 자신을 얼마나 엄격히 훈련시켰는지요! 모든 일에서 윗사람들을 얼마나 잘 공경하고 그들의 다스림에 얼마나 잘 순종했는지요!

이들의 발자취는 아직도 남아 이들이 참으로 거룩하고 온전한 사람들이었다고, 더없이 용감하게 싸우며 세상을 발아래 두었던 사람들이었다고 증언합니다.

그런데 지금은 범죄자가 되지 않고 맡은 일을 인내로 감당하기만 해도 대단하다고 여깁니다. 우리 시대는 이렇듯 미지근하고 나태합니다! 그 옛날의 열정은 너무 빨리 식어 오간 데 없고, 영적 게으름과 미지근함 때문에 우리 삶이 지루해집니다.

독실하고 경건한 신앙인의 본을 많이 본 당신 안에서, 덕을 기르려는 바람이 잠들지 않기를 바랍니다.

성도들과 그리스도의 친구들은 굶주림과 목마름, 추위와 헐벗음,
기도와 거룩한 묵상, 숱한 박해와 비난 가운데서 주님을 섬겼습니다

훌륭한 신앙인의
훈련에 관하여

1

훌륭한 신앙인은 그 삶이 모든 덕으로 장식되어(마 5:48) 사람들 보기에 겉과 속이 같아야 합니다.

겉으로 드러나는 것보다 속이 훨씬 나아야 하는 이유는 하나님께서 우리를 지켜보시기 때문이며(시 33:13 ; 히 4:12,13), 우리는 어디 있든지 그분을 가장 공경하고, 천사들처럼 그분이 보시기에 정결하게 행해야 하기 때문입니다(시 15:2).

마치 오늘 처음 회심한 것처럼, 날마다 결심을 새롭게 하고 더욱 열심을 내어 이렇게 기도해야 합니다.

"나의 하나님, 저의 선한 결심과 당신을 향한 거룩한 섬김이 변치 않도록 도와주소서. 제가 지금까지 한 일은 아무것도 아니오니, 오늘 온전하게 시작하게 하소서."

2

영적 성장은 우리의 결심에 달렸습니다. 영적 성장을 원하면 그만큼 부지런해야 합니다. 결심이 확고한 사람도 자주 넘어지는데, 여간해서는 아무것도 결심하지 않거나 거의 결단하지 않는 사람은 어떻겠습니까?

우리는 결심한 것을 여러 방식으로 포기하기도 합니다. 그러나 영성 훈련을 가볍게 여기고 빼먹으면 거의 어김없이 우리의 영혼에 상당한 손실이 미칩니다.

의로운 사람들의 결심은 그들의 지혜가 아니라 하나님의 은혜에 달렸습니다. 이들은 무슨 일을 맡든 늘 하나님을 의지하기 때문입니다. 사람이 계획할지라도 이루는 분은 하나님이시고(잠 16:9), 사람이 자신의 길을 결정하는 것이 아니기 때문입니다.

3

어떤 경건한 활동이나 형제의 유익을 위해서, 늘 하던 훈련을 어쩌다 빼먹었다면 나중에 쉽게 보충할 수 있습니다. 그러나 만약 지루해서나 부주의함으로 그 훈련을 가볍게 여겨 그만

둔다면 하나님께 크게 잘못하는 것이며 자신에게도 해가 됩니다.

최선을 다합시다. 그래도 여전히 많은 부분에서 넘어지기 쉽습니다(전 7:20). 그렇더라도 우리는 늘 정해진 과정을 밟아야 하며, 특히 우리를 가장 크게 방해하는 것들에 맞서 그렇게 해야 합니다.

자신의 외면과 내면을 부지런히 살피고 정돈해야 합니다. 외면과 내면 모두 우리의 영적 진보에 중요하기 때문입니다.

4

자신을 지속적으로 돌아보고 살필 수 없다면, 이따금이라도, 적어도 하루에 한 번, 아침이나 밤에 그렇게 하십시오. 아침에 결심을 확고히 하십시오. 밤에는 자신이 낮 동안 한 일, 자신이 했던 말과 행동과 생각을 돌아보십시오(신 4장). 말이나 행동이나 생각으로 하나님과 이웃에게 자주 죄를 지었을 것이기 때문입니다.

마귀의 악한 공격에 맞서는 사람처럼 단단히 허리를 동이십시오. 왕성한 식욕에 굴레를 씌우십시오. 그러면 사나운 육신의 욕망을 더 잘 제어할 수 있습니다.

절대로 아무것도 하지 않은 채 빈둥대지 마십시오. 책을 읽거나, 글을 쓰거나, 기도하거나, 묵상하거나, 공동의 유익을 위해 무엇이든 하십시오.
육체의 훈련은 신중하게 해야 하며, 모든 사람이 똑같은 훈련을 하는 것은 아닙니다.

5

공동 훈련이 아니라면 드러내놓고 해서는 안 됩니다. 개인 훈련은 집에서 하는 것이 더 만족스럽기 때문입니다.
그렇더라도 개인 훈련을 더 잘하겠다고 공동 훈련을 소홀히 해서는 안 됩니다. 자신이 해야 하거나 맡은 일을 제대로, 성실히 다 한 후에도 시간이 남으면 자신에게 눈을 돌려 자신이 원하는 경건훈련을 하십시오. 모두가 똑같은 영성훈련을 해서는 안 됩니다. 각자에게 유익한 훈련이 따로 있습니다.
그런가 하면 시기에 맞는 훈련이 있습니다. 어떤 훈련은 평일에 더 적합하고, 어떤 훈련은 성일(聖日)에 더 적합합니다. 유혹을 만날 때 필요한 훈련이 있고, 평안하고 고요할 때 필요한 훈련이 있습니다. 수심에 잠겼을 때 적합한 훈련이 있고, 주님 안에서 기뻐할 때 적합한 훈련이 있습니다.

아침에 결심을 확고히 하십시오
밤에는 자신이 낮 동안 한 일,
자신이 했던 말과 행동과 생각을 돌아보십시오

주요 절기에 좋은 훈련을 새롭게 시작하고 성인들의 기도를 더욱 간절히 구해야 합니다. 절기마다 우리는 마치 세상을 떠나서 영원한 하늘 잔치에 참여하듯이 선한 결심을 다져야 합니다.

그러므로 절기 때마다 곧 하나님의 품에 안겨서 수고에 대한 상을 받을 것처럼 자신을 잘 준비하고, 더 경건하게 살며, 지켜야 할 것들을 더 엄격히 지켜야 합니다.

그러나 우리는 그날이 미루어졌더라도 충분히 준비되지 못했으며, 때가 되면 우리에게 나타날 더없이 큰 영광을 받을 자격도 없음을 깨닫고(롬 7:18), 떠날 날을 더 잘 준비하려고 노력해야 합니다.

복음서를 쓴 누가는 이렇게 말했습니다. "주인이 이를 때에 그 종이 그렇게 하는 것을 보면 그 종은 복이 있으리로다 내가 참으로 너희에게 이르노니 주인이 그 모든 소유를 그에게 맡기리라"(눅 12:43,44 ; 마 24:46,47).

20 CHAPTER

고독과 침묵을
사랑함에 관하여

┌ 1 ┐

혼자 조용히 하나님의 인자하심을 자주 묵상하기에 좋은 시
간을 찾으십시오(전 3:1).

이상한 글을 읽지 마십시오. 머리를 자극하는 글이 아니라 마
음을 찌르는 글을 읽으십시오. 헛된 말을 삼가고, 쓸데없이 돌
아다니지 않으며, 새로운 것과 소문 듣는 것을 멀리한다면, 선
한 것을 묵상하기에 충분하고 적절한 시간을 찾을 수 있을 것
입니다.

위대한 성자들은 사람들과 쉽게 어울릴 수 있을 때 그러기를
삼갔으며(히 11:38), 오히려 은밀히 하나님을 섬기는 쪽을 선
택했습니다.

누군가는 "나는 사람들과 어울리다 돌아올 때면 어김없이 이전보다 작아져 있었다"(세네카, Ep. 8장)라고 말했습니다. 사람들과 오랜 시간 대화하고 나면 이것이 사실이라는 것을 알게 됩니다.

말을 필요 이상으로 하지 않으려고 애쓰는 것보다 한마디도 하지 않는 편이 쉽습니다. 밖에 나가 자신을 잘 지키는 것보다 집에 머물러 있는 것이 쉽습니다. 내적으로 영적으로 더 성숙하려면 예수님과 함께, 무리와 사람들의 틈바구니에서 벗어나야 합니다(마 5:1).

사람들 앞에 나서지 않고 기꺼이 집에 머무를 수 있는 사람만이 밖에 나가서도 안전하게 어울릴 수 있습니다. 기꺼이 침묵하는 사람만이 안전하게 말할 수 있습니다(전 3:7). 기꺼이 다스림을 받는 사람만이 안전하게 다스릴 수 있습니다. 기꺼이 순종하는 법을 배운 사람만이 안전하게 명령할 수 있습니다.

자신 속에 선한 양심의 증거가 있는 사람만이 안전하게 기뻐할 수 있습니다. 그러나 성도의 안전은 언제나 하나님을 온전히 경외하는 데 있습니다. 성도는 은혜와 큰 덕이 밖으로 드러나지만, 그렇다고 해서 겸손해지려는 열망이 덜한 것은 아닙니다.

그러나 악인들의 안전은 교만과 오만에서 나오며, 결국 이들을 속입니다. 그대가 선한 신앙인이나 경건한 은자(隱者)로 보이더라도, 결코 이것이 이 삶에서 그대의 안전을 약속하지는 않습니다.

4

흔히 가장 존경받고 인정받는 사람들이 자신을 과신한 나머지 가장 큰 위험에 빠집니다.

많은 사람의 경우, 전혀 시험받지 않는 것보다 이따금 시험받는 쪽이 더 유익합니다. 그러지 않으면, 너무 안일해져서 교만에 빠지거나 세상의 위로에 쉽게 넘어가기 때문입니다.

일시적 기쁨을 조금도 추구하지 않으며 세상 것에 전혀 매이지 않는다면 그 양심이 얼마나 선하겠습니까! 모든 헛된 염려를 버리고 오직 자기 영혼에 유익한 것만 생각하며 오로지 하나님만 신뢰한다면 그 마음이 얼마나 평안하고 고요하겠습니까!

기꺼이 침묵하는 사람만이 안전하게 말할 수 있습니다
기꺼이 다스림을 받는 사람만이 안전하게 다스릴 수 있습니다

거룩한 뉘우침을 부지런히 실천하지 않으면 누구도 하늘의 위로를 받을 자격이 없습니다.

진정한 회개를 원한다면, 골방에 들어가 세상 소음을 차단하고, 기록된 대로 "잠자리에 누워 마음 깊이 반성하며 눈물을 흘리십시오"(시 4:4, 새번역). 골방에 들어가면, 밖에서 자주 놓치는 것들을 발견할 것입니다. 자신의 골방에 자주 들어갈수록 골방이 좋아지고, 골방을 들어가지 않을수록 골방이 싫어질 것입니다.

회심한 초기에 골방에 머무는 것에 만족하고 그 습관을 잘 유지하면, 나중에 골방이 당신의 귀한 친구가 되고 가장 즐거운 안식처가 될 것입니다.

신앙인은 침묵과 고요 속에 성장하며 성경의 신비를 배웁니다. 여기서 그는 눈물의 강을 발견하고 밤마다 그 강에 자신을 씻어 깨끗하게 할 것이며(시 6:6), 세상 소란을 멀리함으로써 자신의 창조자와 훨씬 가까워질 것입니다. 하나님은 지인과 친구들에게서 멀어지는 사람을 거룩한 천사들과 함께 그분에게 가까이 이끄실 것입니다.

세상에서 놀라운 일을 행할 수 있더라도, 그러면서 자기 영혼을 소홀히 하기보다는, 조용히 살며 자기 영혼을 돌보는 편이 낫습니다. 신앙인이 밖에 잘 나가지 않고 사람들을 보거나 사람들에게 보이려고 하지 않는 것은 칭찬할만합니다.

┌ 7 ┐

갖는 것이 금지된 것을 왜 그토록 가지려고 합니까? 세상은 지나가고 정욕도 지나갑니다.

감각적 욕망은 우리를 끌어내어 밖으로 나돌게 합니다. 그러나 그 시간이 지나고 집으로 돌아올 때면 무거운 양심과 흐트러진 마음 말고 또 무엇이 남는단 말입니까? 즐겁게 나갔으나 슬프게 돌아오기 마련입니다. 즐거운 저녁이 서글픈 아침으로 이어집니다(잠 14:13). 모든 육신의 기쁨은 부드럽게 시작되지만 결국에는 물고 쏘아 죽음에 이르게 합니다.

그대가 여기서는 볼 수 없지만 다른 곳에서야 볼 수 있는 것이 무엇입니까(전 1:10)? 하늘과 땅과 그 가운데 있는 모든 것을 보십시오. 이 모두가 다 창조되었습니다.

해 아래 오래도록 지속될 수 있는 것을 어디서 볼 수 있습니까? 그대는 만족을 얻을 수 있으리라 생각하겠지만 결코 그럴 수 없습니다. 눈앞의 만물을 보십시오. 헛된 광경이 아니고 무엇입니까(전 3:2)?

눈을 들어 가장 높은 곳에 계신 하나님을 바라보고(시 121:1) 그대의 죄와 허물을 용서해달라고 기도하십시오. 헛된 것들일랑 헛된 것을 구하는 자들에게 맡기고, 하나님께서 그대에게 명하신 것에 집중하십시오.

방문을 닫고(마 6:6) 그대가 사랑하는 예수님을 부르십시오. 그분과 함께 당신의 골방에서 지내십시오. 다른 어디서도 그렇게 큰 평안을 찾지 못할 것이기 때문입니다.

밖으로 나돌며 쓸데없는 소문을 듣지 않는다면 마음의 평안이 더 잘 유지될 것입니다. 그러나 이따금 새로운 소식 듣는 것을 가장 즐거워하기 때문에 당연히 마음이 초조하고 불안해지는 것입니다.

신앙인은 침묵과 고요 속에 성장하며 성경의 신비를 배웁니다
여기서 그는 눈물의 강을 발견하고
밤마다 그 강에 자신을 씻어 깨끗하게 할 것입니다

통회하는
마음에 관하여

1

조금이라도 더 경건해지고 싶다면, 늘 하나님을 경외하고(잠
19:23) 너무 많은 자유를 바라지 마십시오. 모든 감각을 엄격
히 다스리고 어리석은 쾌락에 자신을 내어주지 마십시오.

통회하는 마음을 가지십시오. 그러면 신앙이 깊어질 것입니
다. 통회는 아주 좋은 것으로 들어가는 문을 열지만, 무절제는
그 문을 재빨리 닫아버립니다.

자신은 나그네일 뿐이며 많은 위험이 자신의 영혼을 에워싸
고 있음을 제대로 인식하고 중요하게 여기는 사람이라면 누
구라도 현세에서 온전히 기뻐할 수 없을 것입니다.

마음이 경박하고 자기 잘못을 대수롭지 않게 여기면 영혼의 진짜 슬픔을 감지하지 못하게 됩니다. 그래서 울어도 시원찮을 때 실없이 웃어버립니다. 선한 양심으로 하나님을 경외하지 않으면 진정한 자유도 없고 올바른 기쁨도 없습니다.

마음을 흐트러뜨리는 것을 모두 던져버리고 거룩한 통회라는 하나의 목적에 집중할 수 있는 사람은 복이 있습니다. 양심을 더럽히거나 양심에 짐을 지울 만한 것을 모두 버릴 수 있는 사람은 복이 있습니다.

단호하게 맞서 싸우십시오. 습관이 습관을 이깁니다. 다른 사람들의 일에 참견하지 않으면 그들도 당신의 일에 참견하지 않을 것입니다.

다른 사람들과 관련된 일로 분주하지 마십시오. 윗사람의 일에도 말려들지 마십시오. 먼저 자신을 살피고, 사랑하는 모든 친구에 앞서 특히 자신을 더욱 훈계하십시오.

사람들의 호감을 얻지 못했다고 슬퍼하지 마십시오(갈 1:10). 오히려 그대가 하나님의 종이요 경건한 신앙인으로서 주의 깊고 신중하게 행동하지 못하는 것을 슬퍼하십시오.

현세에서 위로를, 특히 육신적 위로를 많이 받지 않는 것이 더 낫고 더 안전할 때가 많습니다(시 76:5).

그러나 하나님의 위로를 전혀 받지 못하거나 거의 맛보지 못한다면 그 잘못은 우리에게 있습니다. 우리가 통회하는 마음을 구하지도 않고, 헛된 외면적 위로를 전혀 버리지도 않기 때문입니다.

┌ 4 ┐

우리는 하나님의 위로를 받을 자격이 없고 오히려 많은 환난을 당해 마땅하다는 것을 아십시오.

온전히 통회하는 사람의 눈에는 세상이 슬픔과 고통으로 가득해 보입니다(삿 2:4, 20:26 ; 왕하 13장). 선한 사람에게는 애통하고 울어야 할 이유가 차고 넘칩니다. 자신을 생각하든 이웃을 생각하든, 이 땅에 살면서 환난을 겪지 않는 사람이 없음을 알기 때문입니다. 사람은 자신을 온전히 살필수록 더 슬퍼하게 됩니다.

우리는 죄와 악에 단단히 얽매여 하늘의 것을 거의 생각지 못하며, 슬퍼하고 통회하지도 못합니다.

오래 사는 것보다 죽음을 자주 생각한다면(전 7:1,2) 지금보다 나아지려고 더 열심을 낼 것이 틀림없습니다. 또한 내세에 당할 지옥 고통을 생각한다면(마 25:41) 현세의 그 어떤 수고나 슬픔도 기꺼이 감내하고, 더없이 혹독한 상황도 두려워하지 않을 것입니다.

이러한 것을 생각하지 않고 여전히 우리를 즐겁게 하는 것들만 사랑하기에 우리는 냉랭하고 둔감한 신앙에 머물러 있습니다.

우리의 비참한 육신이 그렇게 쉽게 불평하는 것은 영적인 빈곤 때문일 경우가 많습니다. 그러므로 통회하는 마음을 달라고 주님께 더없이 겸손하게 기도하십시오. 선지자를 따라 이렇게 말하십시오. "주께서 그들에게 눈물의 양식을 먹이시며 많은 눈물을 마시게 하셨나이다"(시 80:5).

자신은 나그네일 뿐이며 많은 위험이 자신의 영혼을 에워싸고 있음을
제대로 인식하고 중요하게 여기는 사람이라면
누구라도 현세에서 온전히 기뻐할 수 없을 것입니다

22 CHAPTER

인간의 비참함을
숙고함에 관하여

┌ 1 ┐

그대가 어디 있든 어디로 향하든, 하나님을 향하지 않으면 비참한 사람입니다. 일이 그대의 계획이나 바람대로 되지 않는다고 왜 불안해합니까? 모든 일을 자기가 바라는 대로 술술 풀어나가는 사람이 어디 있습니까(전 6:2)? 그대도 나도 그러지 못하며, 세상 누구도 그러지 못합니다. 왕이나 감독이라 하더라도, 시련이나 걱정이 없는 사람은 이 세상에 아무도 없습니다.

그렇다면 가장 좋은 환경에 있는 사람이 누구입니까? 하나님을 위해 고난받을 수 있는 사람입니다.

약하고 우유부단한 많은 사람이 말합니다. "보세요! 저 사람은 저렇게 행복하게 살잖아요(눅 12:19)! 저 사람은 저렇게 부자이고 위대하며 권력과 명예도 가졌잖아요!"

그러나 눈을 들어 하늘의 부요를 보십시오. 현세의 좋은 것이 모두 아무것도 아니게 보일 것입니다. 이것들은 불안과 두려움을 필연적으로 동반하기 때문에 매우 불확실하며 오히려 짐이 됩니다. 사람의 행복은 사라질 것을 소유하는 데 있지 않습니다(잠 19:10). 적은 소유로도 충분합니다.

이 땅에 사는 것 자체가 비참한 일입니다(욥 14:1 ; 전 1:17). 영적인 사람이 되려고 할수록 현세의 삶이 더 쓰디쓰게 느껴집니다. 이런 사람은 타락한 인간의 결점을 더 분명하게 보고 더 생생하게 느끼기 때문입니다.

먹고 마시는 것, 자고 깨어 있는 것, 일하고 쉬는 것, 그 밖에 육체의 생존에 꼭 필요한 것을 해야만 한다는 사실은 모든 죄에서 벗어나 자유롭고 싶은 신앙인에게는 몹시 비참한 일이자 고역입니다.

3

이 세상에 사는 동안 우리는 피할 길 없는 이러한 육신의 필요로 속사람이 무겁게 짓눌립니다. 선지자는 이것들에서 벗어나기를 간절히 기도했습니다. "나를 고난에서 끌어내소서"(시 25:17).

그러나 자신의 비참함을 알지 못하는 사람들에게 화가 있을 것입니다. 이 비참하고 타락한 삶을 사랑하는 사람들에게 더 큰 화가 있을 것입니다(롬 8:22)!

이런 삶을 맹목적으로 사랑하는 사람들은, 노동이나 구걸을 해서 생존에 필요한 것을 간신히 마련할 수 있더라도, 어떻게든 이 땅에서 계속 살 수만 있다면 하나님의 나라 따위는 전혀 신경 쓰지 않습니다.

4

이 땅에 깊이 빠져 육신을 위한 것만 즐길 줄 아는 사람들은 얼마나 무분별하고 믿음이 없는지요(롬 8:5)! 이들은 지금도 비참하지만, 자신들이 사랑한 것이 얼마나 하찮고 무가치했는지 마지막에 뼈저리게 느낄 것입니다.

반면 하나님의 성도들과 그리스도의 모든 경건한 친구들은 육신을 기쁘게 하는 이런 것들과 이 세상에서 번성하는 것들에 마음을 두지 않고, 영원한 보화를 간절히 소망하며 갈망합니다(벧전 1:4 ; 히 11:26).

영적인 사람이 되려고 할수록
현세의 삶이 더 쓰디쓰게 느껴집니다
이런 사람은 타락한 인간의 결점을
더 분명하게 보고 더 생생하게 느끼기 때문입니다

이들은 영원하고 보이지 않는 위의 것들을 갈망하기에, 보이는 것들에 대한 갈망이 이들을 아래의 것들로 끌어내리지 못합니다.

[5]

내 형제여, 경건의 진보를 이룰 수 있다는 확신을 잃지 마십시오. 아직 시간이 있고, 아직 그때가 지나가지 않았습니다(롬 13:11 ; 히 10:35).

왜 오늘의 선한 계획을 내일로 미루려고 합니까? 당장 일어나 시작하고 이렇게 말하십시오. "지금은 행동해야 할 때요, 지금은 노력해야 할 때이며, 지금이 나를 고치기에 적절한 때이다."

마음이 편치 않고 많이 괴로울 때야말로 축복의 시간입니다. 우리는 불과 물을 통과해야 합니다(시 66:12). 그런 후에야 안식처에 이를 수 있습니다. 지금 전력을 다하지 않으면 결코 죄를 이기지 못할 것입니다. 연약한 육신을 입고 있는 동안에는 결코 죄에서 벗어날 수 없고 고생과 고통 없이 살 수 없습니다.

우리는 모든 비참함에서 벗어나 평온히 살고 싶어 합니다. 그러나 죄 때문에 순수함을 잃었고, 그래서 참 행복도 잃었습니다(롬 7:24 ; 창 3:17). 그러므로 이 재앙이 지나가고 죽을 것이 생명에게 삼켜질 때까지 인내하며 하나님의 자비를 기다려야 합니다(고후 5:4).

6

늘 악으로 치우치는 인간이란 얼마나 연약한지요(창 6:5, 8:21)! 오늘 죄를 고백하고 내일이면 고백한 그 죄를 다시 짓습니다. 지금 자신의 길을 잘 살피겠다고 결심하고도 잠시 후면 마치 그런 결심을 하지 않았다는 듯이 행동합니다.

그러므로 우리는 어떻게든 겸손해야 하며(마카비하 9:11), 자신을 조금이라도 대단하게 생각해서는 안 됩니다. 우리는 너무나 나약하고 우유부단하기 때문입니다. 게다가 우리는 하나님의 은혜로 오래 걸려 힘들게 얻은 것을 태만 때문에 한순간에 잃을 수도 있습니다.

7

우리가 그렇게 빨리 미지근해진다면 결국 어떻게 되겠습니까? 우리의 대화에서 참된 거룩이 보이지 않는데도 마치 모든 것이 평안하고 안전하다는 듯이 아주 재빨리 안심한다면 우리에게 화가 있을 것입니다!

우리가 영적인 부분에서 앞으로 나아지고 더 발전할 소망이 있다면, 어린 초보자처럼 선한 삶에 대해 새롭게 가르침을 받을 필요가 있습니다.

내 형제여, 경건의 진보를 이룰 수 있다는 확신을 잃지 마십시오
아직 시간이 있고, 아직 그때가 지나가지 않았습니다

23 CHAPTER

죽음을
묵상하는 일에 관하여

1

이 땅에서 우리의 마지막이 아주 빨리 찾아올 것입니다(욥 9:25,26, 14:1,2 ; 눅 12:20 ; 히 9:27). 그러므로 또 다른 세상에서 어떻게 될지 생각해보십시오. 오늘 있던 사람이 내일이면 사라지고 없습니다. 그는 사라지기가 무섭게 금세 잊힙니다.

사람의 마음이 어찌 그리 어리석고 강퍅한지요! 현재만 생각할 뿐 장래는 생각지 않습니다! 오늘 죽을 것처럼 모든 생각과 행위를 잘 정리하십시오(마 25:13).

선한 양심이 있다면 죽음이 그리 두렵지 않을 것입니다(눅 12:37). 죽음을 피하기보다 죄를 피하는 것이 낫습니다(지혜서 4:16).

오늘 준비되지 않으면 내일이라고 준비되겠습니까(마 24:44, 25:10)? 내일이 있을지 불확실한데 그대가 내일도 살아 있을지 누가 알겠습니까?

2

우리의 행실이 거의 나아지지 않는다면 오래 산들 무슨 유익이 있겠습니까? 슬프다! 오래 살수록 삶이 나아지는 것이 아니라 죄가 더하도다! 단 하루라도 온전히 잘 살 수 있다면!
회심한 지 오래되었는데도 삶에 맺힌 변화의 열매가 보잘것없는 사람이 많습니다. 죽는 것이 두렵다면, 오래 사는 것은 더 위험할지 모릅니다.
언제나 자신이 죽을 때를 생각하며(전 7:1) 날마다 죽음을 준비하는 사람은 복이 있습니다. 언제라도 다른 사람의 죽음을 보거든 그대 역시 똑같은 길을 가야 한다는 것을 명심하십시오(히 9:27).

3

아침이면, 저녁이 되기 전에 죽을지도 모른다고 생각하십시오. 저녁이면, 아침을 맞으리라 장담하지 마십시오. 그러므로 늘 준비하십시오. 절대로 준비 없이 죽음을 맞이하지 않도록

하십시오(눅 21:36).

많은 사람이 전혀 예상치 못한 순간에 갑자기 죽음을 맞습니다. 생각하지 않은 때에 인자가 오실 것입니다(마 24:44 ; 눅 12:40). 마지막 때가 다가오면 우리는 지나간 모든 삶을 전혀 다르게 생각하기 시작하고, 자신이 너무나 부주의하고 게을렀던 것을 후회할 것입니다.

4

자신이 죽을 때 어떤 사람이기를 바라서 그런 사람이 되려고 노력하는 사람은 얼마나 지혜롭고 복이 있는지요!

세상을 완전히 멸시하고(집회서 12:1), 덕에서 뛰어나기를 갈망하며, 징계를 사랑하고, 고통스럽게 회개하며, 기꺼이 순종하고, 자기를 부인하며, 그리스도의 사랑 때문에 어떤 고난이든 견디는 일은 행복한 죽음에 대해 큰 확신을 줍니다.

건강할 때는 선을 많이 행할 수 있겠지만, 병들면 무엇을 할 수 있을지 모르겠습니다. 병든 후 더 선해지고 더 좋게 변화되는 사람은 거의 없습니다. 많이 나돌아다님으로써 거룩해지는 사람이 거의 없듯이 말입니다.

@이요셉

마지막 때가 다가오면 우리는
지나간 모든 삶을 전혀 다르게 생각하기 시작하고,
자신이 너무나 부주의하고 게을렀던 것을 후회할 것입니다 친구와 친지를 의지하지 말고, 자기 영혼의 안녕을 돌보는 일을 미루지 마십시오. 사람들은 생각보다 빨리 그대를 잊을 것이기 때문입니다.

남의 도움을 의지하기보다 지금이 가장 좋은 때라 여기고 미리 선을 행하는 것이 낫습니다(사 30:5, 31:1 ; 렘 17:5, 48:7 ; 마 6:20). 지금 자신을 돌보지 않으면 누가 나중에 그대를 돌보겠습니까? 지금 이 순간이 매우 소중합니다. 지금이 구원의 날이고, 지금이 은혜받을 때입니다. 영원히 살기를 구하면서 지금 이 시간을 허비한다면 얼마나 안타까운 일인가요?

자신을 고치도록 하루, 아니 한 시간이라도 주어지기를 바랄 때가 올 것입니다. 그러나 우리에게 그 시간이 주어지리라고 말할 수 없습니다.

사랑하는 자여, 늘 하나님을 경외하고 죽음을 염두에 둔다면 큰 위험에서 벗어나고 큰 두려움으로부터 자유로울 것입니다! 지금 그렇게 살려고 노력하십시오. 죽음을 맞을 때 두렵기보다 기쁠 것입니다.

지금 세상에 대해 죽는 법을 배우십시오. 그러면 그리스도와 함께 살기 시작할 것입니다(롬 6:8). 지금 땅의 것을 모두 멸시하는 법을 배우십시오(눅 14:33). 그러면 그리스도와 함께 자유롭게 살 것입니다. 지금 회개함으로 몸을 쳐서 복종시키십시오(고전 9:27). 그러면 분명한 확신을 얻을 것입니다.

7

어리석은 자여, 하루도 장담할 수 없는데 어찌 오래 살 생각을 합니까(눅 12:20)? 너무도 많은 사람이 속고 있다가 갑자기 죽음을 맞지 않았습니까?

그대는 이런 소식을 얼마나 자주 들었습니까? 어떤 사람이 살해당했고, 어떤 사람은 물에 빠져 죽었으며, 어떤 사람은 높은 데서 떨어져서 목이 부러져 죽었고, 이 사람은 식사하다가 죽고 저 사람은 놀다가 죽었으며, 어떤 사람은 불에 타 죽었고, 어떤 사람은 칼에 찔려 죽었으며, 어떤 사람은 전염병에 걸려 죽었고, 어떤 사람은 강도의 손에 죽었습니다.

이렇듯 죽음은 모든 사람의 끝이며, 사람의 생명은 그림자처럼 갑자기 사라집니다(욥 14:2).

그대가 죽으면 누가 그대를 기억하겠습니까? 누가 그대를 위해 기도하겠습니까? 사랑하는 자여, 무엇이든 그대가 할 수 있는 것을 지금 하십시오. 자신이 언제 죽을지, 죽은 후 어떻게 될지 우리는 알지 못하기 때문입니다.

지금 그대에게 시간이 있을 때, 영원한 보화를 쌓으십시오(마 6:20 ; 눅 12:33 ; 갈 6:8). 오직 당신 영혼의 구원만 생각하고, 하나님의 일만 돌아보십시오.

하나님의 성도를 존귀하게 여기고 그들의 행위를 본받음으로써 친구를 사귀십시오. 그러면 그대가 이 짧은 삶을 마칠 때 그들이 당신을 영원한 거처로 맞아들일 것입니다(눅 16:9 ; 히 11장).

이 땅에 사는 동안 나그네와 순례자로(벧전 2:11), 이 세상의 일과 무관한 자로 지내십시오. 마음을 비우고 하나님을 바라보십시오. 이 땅에는 당신의 영원한 도성이 없기 때문입니다(히 13:14).

날마다 기도와 탄식을 눈물과 함께 하늘로 올려보내십시오. 그러면 죽은 후, 그대의 영혼은 아주 행복한 상태로 주님께 옮겨갈 것입니다. 아멘.

지금이 구원의 날이고, 지금이 은혜받을 때입니다
영원히 살기를 구하면서 지금 이 시간을 허비한다면
얼마나 안타까운 일인가요?

24 CHAPTER

죄인들이 받을
심판과 형벌에 관하여

┌ 1 ┐

무엇을 하든 특별히 자신의 마지막을 염두에 두십시오. 아무
것도 숨길 수 없고, 선물로 달랠 수도 없으며, 그 어떤 변명도
통하지 않고, 다만 공평과 정의로 심판하실 엄한 재판장 앞에
어떻게 설 수 있을지 생각하십시오(히 10:31).

때로 화난 사람을 마주하는 것도 두려워하는 불쌍하고 어리
석은 죄인이여, 그대의 모든 죄악을 다 아시는 하나님께 어떻
게 답할 것입니까(욥 9:2)?

왜 큰 심판 날을, 그 누구도 다른 사람을 대신해서 변명하거나
답할 수 없고 모두가 자신에 대해 답해야 할 그날을 대비하지
않습니까(눅 16:9)?

124   그리스도를 본받아 1

지금은 그대가 겪는 고통이 유익하고, 그대가 흘리는 눈물은 받아들여지며(고후 6:4), 그대의 신음이 들리고, 그대의 슬픔은 하나님의 마음을 누그러뜨리며 그대의 영혼을 깨끗하게 하는 때입니다.

┌───┐
│ 2 │
└───┘

인내하는 사람은 크고 온전한 정화(淨化)를 이룹니다(약 1:4). 이런 사람은 상처를 입어도 자신이 입은 상처보다 자신에게 상처 입힌 사람의 악의를 더 슬퍼합니다. 자신의 대적들을 위해 기꺼이 기도하며(눅 23:34 ; 행 7:60), 그들의 잘못을 마음으로 용서합니다.

이런 사람은 누군가에게 잘못했으면 바로 용서를 구하고, 화를 내기보다 동정하는 것이 먼저입니다. 이런 사람은 몸을 영에 온전히 복종시키려고 종종 자신에게 거룩한 무력을 행사하여, 격렬하게 씨름하며 애씁니다.

죄를 그대로 방치했다가 죽은 후에 벌을 받는 것보다 이 세상에서 그 죄를 씻어내고 악을 잘라버리는 것이 낫습니다. 그러나 실제로 우리는 육신을 지나치게 사랑함으로써 자신을 속입니다.

@도정완

지금 작은 고난에 익숙해지십시오
지금 아주 작은 고통을 견딜 수 없다면,
어떻게 영원한 고통을 견딜 수 있겠습니까?

지옥불이 그대의 죄가 아니면 무엇을 먹고 살겠습니까? 그대가 이 세상에서 자신을 아끼고 육신을 따를수록, 후에 받을 벌이 그만큼 커지고 지옥불의 땔감을 그만큼 더 쌓는 것입니다. 사람이 무슨 죄를 짓든지 그에 걸맞게 가혹한 형벌을 받을 것입니다.

나태한 자들은 불타는 막대기에 찔리며 앞으로 내몰리고, 탐식하는 자들은 굶주림과 목마름으로 고통당할 것입니다. 사치하는 자들과 쾌락을 사랑하는 자들은 역청이 이글대며 타오르고 유황이 고약한 냄새를 내뿜는 못에 던져질 것이며, 질투하는 자들은 미친개처럼 슬피 울부짖을 것입니다.

모든 죄에는 그에 합당한 형벌이 따를 것입니다. 거기서 교만한 자들은 심한 혼란에 빠지고, 탐욕스러운 자들은 비참한 가난에 빠질 것입니다.

거기서 한 시간 고통당하는 것이 여기서 천 년간 더없이 애절하게 회개하는 것보다 괴로울 것입니다! 여기서는 이따금 쉬고 친구들의 위로도 받을 수 있지만, 거기서는 정죄 받은 자들에게 쉼도 위로도 허락되지 않습니다(욥 40:12).

그러므로 지금 그대의 죄를 걱정하고 슬퍼하십시오. 그러면 심판 날에 복 있는 사람들과 안전하게 함께할 것입니다. 그날에는 의인들이 자신을 괴롭히고 억압했던 자들에게 아주 당당히 맞설 것입니다(지혜서 5:1).

그날에는 지금 사람들의 판단에 겸손히 순응하는 자들이 일어나 이들을 심판할 것입니다. 그날에는 가난하고 겸손한 자들이 큰 확신을 얻고, 교만한 자들은 사방에서 몰려오는 두려움에 사로잡힐 것입니다.

5

그날에는 그리스도를 위해 어리석은 자가 되고 멸시받던 자들이 지혜로웠다고 드러날 것입니다. 그날에는 악한 자들이 입을 막고, 모든 환난을 인내로 견딘 자들은 기뻐할 것입니다(시 107:42).

그날에는 경건한 자들이 기뻐하고 패역한 자들은 통곡할 것입니다. 그날에는 자기 육체를 쳐서 복종시킨 자들이 모든 쾌락과 즐거움에 빠져 지낸 자들보다 기뻐할 것입니다(고후 4:17).

그날에는 가난한 자들의 옷은 더 영광스럽게 빛나고, 화려한 옷은 추레하고 경멸스러워 보일 것입니다. 그날에는 초라한

오두막이 번쩍이는 궁전보다 칭송받을 것입니다.

그날에는 변함없는 인내가 땅의 모든 권력보다 우리를 더 만족시킬 것입니다. 그날에는 순종이 세상 모든 지혜보다 높임을 받을 것입니다(사 29:19).

┌─────┐
│ 6 │
└─────┘

그날에는 선하고 깨끗한 양심이 심오한 철학보다 더 사람을 기쁘게 할 것입니다. 그날에는 재물을 경멸하는 태도가 세상 모든 보화보다 중하게 여겨질 것입니다. 그날에는 풍성하게 먹었던 것보다 간절히 기도했던 것이 더 위로가 될 것입니다. 그날에는 말을 많이 했던 것보다 입을 다물었던 것이 더 행복할 것입니다. 그날에는 유창한 많은 말보다 선한 행실이 더 가치 있을 것입니다. 그날에는 엄격한 삶과 모진 회개가 땅의 모든 기쁨보다 더 즐거울 것입니다.

지금 작은 고난에 익숙해지십시오. 그러면 그날에 더 큰 고통을 면할 것입니다. 그대가 장차 올 세상에서 무엇을 견딜 수 있을지 먼저 여기서 증명하십시오. 지금 아주 작은 고통을 견딜 수 없다면, 어떻게 영원한 고통을 견딜 수 있겠습니까? 지금 겪는 작은 고난을 그렇게도 참지 못한다면, 지옥불은 어떻겠습니까?

ⓒ이요셉

그날에는 유창한 많은 말보다 선한 행실이 더 가치 있을 것입니다
그날에는 엄격한 삶과 모진 회개가 땅의 모든 기쁨보다 더 즐거울 것입니다

두 낙원을 다 가질 수는 없음을 명심하십시오. 세상에서 즐거움을 누리고 그 후 그리스도와 함께 왕 노릇 하는 것은 불가능합니다.

7

그대가 지금까지 늘 존중받고 즐겁게 살아왔더라도 지금 당장 죽는다면 이 모든 것이 무슨 소용이겠습니까(눅 12:20)? 그러므로 하나님을 사랑하고 그분만 섬기는 것 외에는 모든 것이 헛됩니다(전 1:2).

온 마음으로 하나님을 사랑하는 사람은 죽음이나 형벌도, 심판도, 지옥도 두렵지 않습니다. 온전한 사랑은 하나님께 나아가는 것을 보장하기 때문입니다(롬 8:39).

그러면 죄를 기뻐하는 자가 죽음과 심판을 두려워하는 것이 놀라운 일입니까? 사랑이 그대를 죄짓지 않게 할 수는 없더라도, 적어도 지옥이 두려워 죄를 삼가는 것은 좋은 일입니다. 그러나 하나님 경외하기를 소홀히 하는 자는 결코 선한 상태를 오래 지속하지 못하고 이내 악의 덫에 빠집니다.

25 CHAPTER

온 삶을 개선하려는
열심에 관하여

┌ 1 ┐

늘 깨어 부지런히 하나님을 섬기며(딤후 4:5), 그대가 세상을
등지고 이곳에 온 이유를 자주 생각하십시오. 하나님에 대해
살고 영적인 사람이 되기 위해서가 아닙니까?

그렇다면 열심히 전진하십시오(마 5:48). 머지않아 그대의 수
고에 대해 상을 받을 것이고, 그날에 그대에게 아무 두려움이
나 슬픔도 없을 것입니다(계 21:4, 22:3).

지금 조금 수고하십시오. 그러면 큰 안식과 영원한 기쁨을 얻
을 것입니다(집회서 51:27 ; 계 21:4, 22:3). 그대가 계속 신실하
게, 열심히 선을 행하면 하나님도 그대에게 틀림없이 신실하
고 후하게 상을 주실 것입니다(마 25:23).

승리하리라는 선한 소망을 가져야 마땅합니다(롬 5:5). 절대로 안일해져서 나태하거나 교만해져서는 안 됩니다.

2

불안한 마음에 두려움과 소망을 자주 오락가락하던 사람이 슬픔에 짓눌려 어느 교회 제단 앞에 엎드려 기도했습니다. "내가 인내해야 한다는 것을 알았더라면!" 그때 하나님의 응답이 들렸습니다. "만약 네가 알았더라면 어떻게 했겠느냐? 지금 그렇게 해라. 그러면 네가 안전하리라."

그는 이 응답에 위로와 힘을 얻어 자신을 하나님의 뜻에 온전히 맡겼고, 그러자 그를 괴롭히던 불안도 사라졌습니다. 그는 미래를 궁금해하거나 자신에게 무슨 일이 닥칠지 알려고 하지 않고, 하나님의 완전하고 기쁜 뜻이 무엇인지 알려고 노력했습니다(롬 12:2). 이것이 모든 선한 행위의 시작이자 끝이기 때문입니다.

3

어느 선지자가 말했습니다. "여호와를 의뢰하고 선을 행하라 땅에 머무는 동안 그의 성실을 먹을거리로 삼을지어다"(시 37:3).

많은 사람의 영적 진보를 가로막고 그들의 삶을 부지런히 개선하지 못하게 막는 장애물이 있습니다. 고난이나 힘써 싸우는 것을 극히 두려워하는 것입니다.

자신에게 가장 쓰라리고 버거운 것을 극복하려고 부단히 노력하는 사람들은 무엇보다 덕에서 다른 사람들보다 훨씬 성숙해집니다. 무엇보다도 자신을 극복하고 영으로 자신을 제어하는 사람이 더 성숙하고 더 큰 은혜를 얻기 때문입니다.

4

그러나 모든 사람이 똑같이 많은 것을 극복하고 제어해야 하는 것은 아닙니다. 더 격정적이더라도 부지런한 사람은, 더 온화하기는 해도 덕을 좇는 데 열정이 덜한 사람보다 덕을 많이 쌓습니다.

우리 자신을 크게 개선하는 데 특히 도움이 되는 것이 둘 있습니다. 하나는 본성이 악하게 치우치는 대상을 단호히 멀리하는 것이고, 또 하나는 우리가 가장 원하는 덕을 열심히 좇는 것입니다.

다른 사람들에게서 드러나며 대개 그대를 불쾌하게 하는 것들이 그대 안에도 있지 않은지 부지런히 살피고 피하십시오.

어디에 있든지 그대의 영혼에 유익한 것을 챙기십시오. 좋은
본보기를 보거나 듣거든 힘써 본받으십시오.

책망받아 마땅한 것을 보거든 그런 일을 하지 않도록 조심하
십시오. 그런 일을 했다면 신속히 바로잡으려고 노력하십시
오. 그대가 다른 사람들을 지켜보듯이 다른 사람들도 그대를
지켜봅니다(마 7:3).

형제들이 열심과 헌신을 갖추고 행실이 바르며 훈련까지 잘
받은 모습을 볼 때면 얼마나 사랑스럽고 즐거운지요(엡 5장
[아마도 4:1, 16] ; 고전 12:18 ; 전 3:1)!

반대로, 형제들이 주어진 소명에 매진하지 않고 도리어 방종
하고 무질서한 모습을 볼 때면 얼마나 안타깝고 슬픈지요! 형
제들이 받은 소명의 선한 목적을 소홀히 한 채 맡겨지지 않은
일에 분주한 모습을 볼 때면 얼마나 가슴이 아픈지요!

그대의 신앙고백을 기억하고, 십자가에 달리신 구주를 늘 영
혼의 눈으로 바라보십시오.

하나님의 길로 들어선 지 오래되었는데도 여전히 예수 그리
스도의 삶을 바라보면서 그분을 더 닮으려고 노력하지 않는

자신에게 가장 쓰라리고 버거운 것을 극복하려고 부단히 노력하는
사람들은 무엇보다 덕에서 다른 사람들보다 훨씬 성숙해집니다

@이요셉

다면 부끄러워해야 마땅합니다.

더없이 거룩한 주님의 삶과 고난에 비추어 자신을 진지하고 경건하게 살피는 신앙인은 자신에게 꼭 필요하고 유익한 모든 것을 풍성히 발견할 것입니다. 이런 사람은 예수님 외에 더 나은 것을 도무지 구할 필요가 없습니다.

십자가에 달리신 예수님이 마음에 들어오신다면(갈 2:20, 6:14), 이 모든 진리를 아주 빠르고 온전하게 배울 것입니다.

7

열정적인 신앙인은 주어진 명령을 모두 잘 받아들이고 감당합니다.

그러나 태만하고 냉랭한 사람은 환난에 환난을 당하고 사방으로 고통당합니다. 이런 사람에게는 내면의 위로가 없으며 외면의 위로를 구하는 길도 금지되어 있기 때문입니다.

규범을 따라 살지 않는 신앙인은 자기 영혼이 망하는 큰 위험에 노출됩니다. 자유로움과 편안함을 추구하는 자는 늘 이런저런 일로 불쾌할 것이기에 언제나 괴롭게 살아갈 것입니다.

우리가 아무것도 하지 않고 늘 입술과 온 마음으로 우리 주 하나님을 찬양하기만 한다면 얼마나 좋을까요!

먹거나 마시거나 잘 필요도 없고 늘 하나님을 찬양하며 영적 훈련에 매진할 수 있다면, 수많은 육신의 필요를 섬기는 데 매이는 지금보다 훨씬 행복할 것입니다.

이런 필요가 전혀 없고 영적 묵상에만 매진할 수 있으면 좋겠지만, 안타깝게도 이런 삶을 맛보는 사람은 아주 드뭅니다!

그 어떤 피조물에서도 위로를 구하지 않는 경지에 이르면 하나님을 온전히 즐거워하기 시작합니다. 그때는 세상에서 무슨 일을 당해도 만족할 것입니다. 그때는 큰일에 기뻐하지도 않고 작은 일에 슬퍼하지도 않을 것입니다.

다만 자신의 전부이신 분에게 자신을 담대히, 전적으로 맡길 것입니다(롬 11:36 ; 고전 8:6, 12:6, 15:28). 하나님에게는 그 무엇도 사라지거나 죽지 않으며, 모든 것이 그분을 위해 살고, 지체 없이 그분을 섬깁니다.

그대의 마지막을 늘 기억하고(집회서 7:36), 잃어버린 시간은 결코 돌아오지 않는다는 것을 명심하십시오. 관심을 쏟고 부지런하지 않으면 결코 덕을 기를 수 없습니다.

자신이 냉랭해지기 시작했다면(계 3:16) 그대에게 화가 미치기 시작할 것입니다. 그러나 영적 열정을 쏟고 있다면 하나님의 은혜로운 도움과 덕을 사랑하는 마음 때문에 큰 평안을 얻고 힘든 일도 덜 힘들게 느껴질 것입니다. 열정이 있고 부지런한 사람은 모든 일에 준비되어 있습니다.

악과 정욕을 물리치는 것이 육체노동으로 수고하는 것보다 더 어렵습니다. 작은 잘못을 피하지 못하는 사람은 조금씩 더 큰 잘못에 빠집니다(집회서 19:1).

낮을 유익하게 보내면 저녁이 늘 기쁠 것입니다. 자신에 대해 깨어 있고, 자신을 분발시키며, 자신에게 경고하고, 다른 사람들이 어떻게 되든 자신을 소홀히 여기지 마십시오. 자신을 거룩한 무력으로 제압할수록 그대는 영적으로 더욱 진보할 것입니다. 아멘.

하나님의 길로 들어선 지 오래되었는데도 여전히
예수 그리스도의 삶을 바라보면서 그분을 더 닮으려고
노력하지 않는다면 부끄러워해야 마땅합니다

묵상과 적용

Q1 당신이 지금껏 추구해온 지식 중에서 어떤 것이 토마스 아 켐피스
가 이 책에서 기술한 '영혼에 아무 유익이 되지 않는' 지식에 해당
합니까? 당신이 지식을 얻는 경로와 방식을 열거해보고, 지식을
추구하는 동기를 솔직하게 살펴보십시오.

_____

_____

_____

_____

_____

_____

_____

_____

_____

_____

_____

_____

Q2 토마스 아 켐피스는 "자신을 거룩한 무력으로 제압할수록 그대는 영적으로 더욱 진보할 것입니다"라고 말하는데(25장, 10), 당신은 이 말이 무슨 뜻이라고 생각합니까?

_____

_____

_____

_____

_____

_____

_____

_____

_____

_____

_____

그리스도를 본받아 1
영적 생활에 유익한 권면

초판 1쇄 발행   2019년 4월 23일

지은이   토마스 아 켐피스
옮긴이   전의우

펴낸이   여진구
책임편집   최현수
편집   이영주, 김윤항, 안수경, 김아진, 권현아
책임디자인   마영애 | 노지현, 조아라, 조은혜
기획 · 홍보   김영하   해외저작권   기은혜
마케팅   김상순, 강성민, 허병용   마케팅지원   최영배, 정나영
제작   조영석, 정도봉   경영지원   김혜경, 김경희

이슬비전도학교   최경식   303비전성경암송학교   박정숙
303비전장학회 & 303비전꿈나무장학회   여운학

펴낸곳   규장

주소   06670 서울시 서초구 매헌로 16길 20(양재2동) 규장선교센터
전화   02)578-0003   팩스   02)578-7332
이메일   kyujang0691@gmail.com   홈페이지   www.kyujang.com
페이스북   facebook.com/kyujangbook   인스타그램   instagram.com/kyujang_com
카카오스토리   story.kakao.com/kyujangbook
등록일   1978.8.14. 제1-22

책값   뒤표지에 있습니다.
ISBN   978-89-6097-579-8 04230
        978-89-6097-578-1(세트)

규 | 장 | 수 | 칙

1. 기도로 기획하고 기도로 제작한다.
2. 오직 그리스도의 성품을 사모하는 독자가 원하고 필요로 하는 책만을 출판한다.
3. 한 활자 한 문장에 온 정성을 쏟는다.
4. 성실과 정확을 생명으로 삼고 일한다.
5. 긍정적이며 적극적인 신앙과 신행일치에의 안내자의 사명을 다한다.
6. 충고와 조언을 항상 감사로 경청한다.
7. 지상목표는 문서선교에 있다.

하나님을 사랑하는 자 곧 그의 뜻대로 부르심을 입은 자들에게는 모든 것이 合力하여 善을 이루느니라(롬 8:28)

Member of the
Evangelical Christian
Publishers Association

규장은 문서를 통해 복음전파와 신앙교육에 주력하는 국제적 출판사들의
협의체인 복음주의출판협회(E.C.P.A:Evangelical Christian Publishers
Association)의 출판정신에 동참하는 회원(Associate Member)입니다.